Siegfried Heinz-Jürgen Ahlborn

Lesen in der Geographie

Siegfried Heinz-Jürgen Ahlborn

Lesen in der Geographie

Ein Gespräch zwischen
Erde und Mensch

Verlag Ch. Möllmann

Die Deutsche Bibliothek - CIP-Einheitsaufnahme

Ahlborn, Siegfried Heinz-Jürgen:
Lesen in der Geographie : ein Gespräch zwischen Erde und
Mensch / Siegfried Heinz-Jürgen Ahlborn. - 1. Aufl. -
Paderborn : Möllmann, 1994
ISBN 3-9803646-0-7

Erste Auflage 1994

Copyright © by
Verlag Ch. Möllmann
Pipinstr. 18, 33098 Paderborn
Textverarbeitung: Publizistische Dienstleistungen
Tel.: 05251 - 27256
Herstellung: PDC
ISBN 3-9803646-0-7

Suchst du dich selbst,
So suche draußen in der Welt.
Suchst du die Welt,
So suche in dir selbst.

Rudolf Steiner

Erdgeist: In Lebensfluten, im Tatensturm
Wall ich auf und ab,
Wehe hin und her,
Geburt und Grab,
Ein ewiges Meer.
Ein wechselnd Weben,
Ein glühend Leben.
So schaff' ich am sausenden Webstuhl der Zeit
Und wirke der Gottheit lebendiges Kleid.

(Aus Goethes Faust)

Mensch: O Geist der Erde! Seitdem unser lichtes, gotterfülltes Auge verlorenging und unser Verständnis und unsere Liebe zu dir starben, ist es in unseren Herzen und vor unseren Sinnen einsam und leer geworden.

Du zogest dich vor unseren Blicken zurück und lagertest dich zu unseren Füßen.

Wir schauten deine Oberfläche und verloren dein Herz.

Und wo einst Götter in wilden Strudeln und unsagbarer Harmonie Welt und Mensch gestalteten, ist es heute einsam und still geworden.

Hart und stumm liegst du - o Erde - zu unseren Füßen und wendest dich ab.

Und das Licht der Sonne über deinem Leib ist so hell geworden, daß es unsere Augen blendet. So sind wir uns fremd geworden und leiden unter unserem Zerwürfnis. Aber diese Fremdheit gab uns Menschen die Freiheit unseres "Ich". Denn an dir sind wir erwacht, erwacht in unserem "Ich". Doch dieses "Ich" haben wir dir nie gedankt und haben es nie erkannt. Vor deinem Opfer erblindete unser Ich und erblindete vor sich selbst.

So starbst du vor unseren Blicken dahin.

Aber wir konnten nicht trauern, sondern wir traten dich mit Unverständnis.

Wir konnten dich nicht verehren, sondern wir beuteten dich aus.

Wir schlugen Wunden und Straßen in deinen Leib und entrissen dir deine Schätze.

Und du littest es lange mit Geduld und ernährtest uns aus deinen besten Kräften. Bis du keine Kraft mehr hattest und die Zerstörung auch deinen Leib überfiel.

Doch noch immer merkten wir nicht, daß wir uns in dir nur selber trafen.

Wir suchten von dir unabhängig zu werden und schufen uns künstliche

Kleider und Nahrung. Aber wieder zerstörten wir uns nur selber. Unser göttliches Sein und unsere Lebenskräfte entschwanden mit dir.

Wir schufen uns eine Welt aus künstlichem Licht und Geist - aber wir verloren das Leben.

Sinnlosigkeit breitete sich aus zwischen uns und brachte uns Angst, Krankheit und Tod.

In deiner unendlichen Güte suchtest du uns zu wecken und rütteltest an unseren Mauern. Aber wir gruben uns nur noch fester ein und erkannten dich nicht.

O Geist der Erde! Auf diese deine und unsere Not muß ich nun schauen, und ich lerne trauern um dich.

Ich lerne weinen um den Bruch zwischen uns.

Erde: Das gibt mir die Sprache zurück - o Mensch -, und es wird wieder hell werden über meinen Bergen und Tälern, wenn ich mich in dem Geist deiner Augen erkennen kann.

Die Sonne steht heute zwischen uns und bestimmt unser Sein. Sie beleuchtet meine Oberfläche und weckt deinen Geist. Doch an meiner Oberfläche entzündest du deine Gedanken, und in diesen Gedanken will ich mich erkennen.

Mensch: Wie kannst du dich in mir erkennen?

Erde: Wenn du dich in mir erkennst. Wenn du mich in den Äußerungen meiner Phänomene in dir erfühlst.

Mensch: So sind wir untrennbar miteinander verbunden?

Erde: Ohne mich bist du nicht. Ohne mich wärst du gar nicht da. Ohne mich hättest du kein Leben, keine Seele, keinen Geist.

Mensch: Ja, das ist wohl wahr. Ohne dich wäre tiefe Nacht um mich. O Geist der Erde, ich lernte wohl trauern um dich. Aber noch tiefer lerne ich jetzt, dankbar zu sein.

Oh du zu meinen Füßen geopferter Gott, wie kann ich dich finden?

Erde: In dem Maße, wie du mich findest, wirst du die Illusion deiner Einzigartigkeit verlieren.

Mensch: Zeige mir trotzdem den Weg, o erhabener Geist. Denn was bin ich mir wert, wenn ich dich verleugne und mich der Verantwortung entziehe. Wenn ich mich auch verliere, ich habe den Mut, mich wiederzufinden.

Erde: So höre denn und schaue:

Ich trage dich nicht passiv - o Mensch. Auf allen deinen Schritten begleite ich dich. Ich werfe den Boden auf, damit du deinen Fuß darauf stellst, und ziehe ihn zurück, damit dein Fuß ins Leere geht. Ich türme Berge vor dir auf, um dich zu halten und zu schützen. Ich gebe dir Nahrung, die Luft zu atmen, und ich wärme dich.

Aber ich kann dich nicht schützen vor den Kräften, die du selbst entfesselst. In ihnen zerstörst du dich, weil du mich zerstörst. Aber in diesen Kräften rufe ich dich auf, zu mir zurückzufinden, denn du bist mein vielgeliebtes Kind.

Du bindest dein Geschick und dein Leben an mich.

Du baust deine Häuser und Straßen auf mir und ruhst dich an meinem Busen aus, wenn du müde bist.

Aber du nimmst mich als so selbstverständlich, daß du vergessen hast, mir zu danken.

Und wenn du von Verantwortung sprichst, so höre mir noch weiter zu.

Die Verantwortung ist tief, tief in dich eingegraben, da ich meine Zukunft in deine Hände gelegt habe.

Da du der Träger meines Geistes bist.

Mensch: Warum mußten wir dann getrennt werden?

Erde: Wie mich die Sonne von außen bescheinen muß, damit sie ihr Licht zurückgestrahlt bekommt, so muß ich dir von außen entgegentreten, damit du mich denken kannst.

Du kannst keine Berge denken, wenn du ihre Last in dir trägst. Und keine Quellen schauen, wenn du selber mit hinweggespült wirst.

Du bist nichts als Gedanke - o Mensch -, nichts als ein Gedanke. Ein Gedanke im Spiegel meiner Form.

Mensch: Ist das dein Opfer, daß du dich zurückgezogen hast, um mich, deinen Geist, zu gebären?

Erde: Ich habe mich zurückgezogen, und du hast mich herausgestoßen, um frei im Licht zu leben.

Wie eine dunkle Schlacke habe ich mich herausgezogen, und du bist licht und hell geworden ...

Nutze es!

Mensch: So hilf mir - Erde -, dich zu erkennen. Hilf mir, mich selbst zu finden.

Wenn ich das durchgeistigt in mir trage, was du äußerlich bist, so müssen sich alle Geheimnisse meines Seins in deinem Äußeren zeigen.

Erde: Das Bild, das du bis jetzt von mir hattest, ist ein falsches Bild. Es wird dir schwerfallen, diesen Schein zu opfern. Doch höre mir zu, was ich dir durch deinen Geist zu sagen habe.

Schau mich an in meiner Gestaltung, und du wirst die ersten Geheimnisse finden.

Mein erstes zu ergründendes Geheimnis ist auch gleichzeitig das am schwersten zu ergründende. Denn es ist die Verbindung zu einer Welt, die außerhalb deines Bewußtseins liegt.

Zwei Pole begrenzen mein Sein. Im Süden die Antarktis und im Norden die Arktis.

Dazwischen bewegt sich rhythmisch die Sonne wie dein Herz in deiner Brust. Aber niemals kommt sie bis zum Südpol, und niemals erreicht sie den Nordpol.

An diesen Polen herrscht die Nacht über Monate und wechselt nur mit kalten, kurzen Sommern ab.

Denn der Südpol bleibt immer unterhalb der Sonnenlinie - das meine ich nicht nur bildlich - und der Nordpol immer oberhalb der Sonne.

Da es aber die Sonne ist, die dir durch mich dein Bewußtsein gibt, reichst du mit diesem niemals bis an die Pole heran. Sie ragen in Welten hinein, die außerhalb deiner Raum- und Zeitentwicklung liegen.

Wie dein Erlebnis der Schwerkraft, so weit ist der Südpol von deinem Bewußtsein entfernt. Er gehört einer anderen Zeit und Geschwindigkeit an. Und hier liegt auch das Geheimnis meiner Schwerkraft überhaupt.

Doch diese meine Welt in ihrer anderen Geschwindigkeit ist deinem Leben absolut feindlich. Denn hier trage ich den kältesten Pol der Erde in seiner größten Einsamkeit.

Mensch: Wie groß ist dein Opfer gewesen - o Erde. Und wie tief fühle ich jetzt deine Tragik und deinen Schmerz.

Nur ein Gott kann solch ein Opfer bringen, um mir damit diese Qual zu ersparen. Um mich zu befreien, damit ich dich denken, wollen, fühlen kann.

In der Antarktis fesselst du dich selbst in die Schwerkraft der Einsamkeit und des Todes. Wie kalte Ströme fließt es in mein Herz, wenn ich versuche, dich dort zu finden.

Und ich finde dich nur in der völligen Loslösung von Gott. In der Einsamkeit wächst die Dunkelheit und stirbt in die Geburt der Welt hinein. In die Kälte, die die ganze Erde durchzieht.

Ich fühle sie nach, diese Einsamkeit. Auf einer Fläche, so groß wie zweimal Australien. Hier lastet Eis auf härtestem Fels. Doch die Felsen sind nur Schein. Es ist der Tod. Die Abkehr von Gott. Der Sturz aus dem Licht, der so schmerzt.

Erdrückend ist die Last des Eises, die auf dem antarktischen Festland ruht und dieses an einigen Stellen bis auf 2500 m unter den Meeresspiegel drückt. Darauf lastet eine 4400 m hohe Eisschicht.

Riesige Gletscher bedecken das Land, und im Zentrum ragen pechschwarze und rote Bergipfel in 5000 m Höhe aus dem Eis.

In einer ewigen Einsamkeit und im kältesten Klima der Erde von bis zu - 88°C.

Ganze Gebirgszüge, groß wie die Alpen, werden von Eismassen umflossen.

Götter, welch ein Schmerz, welch eine Einsamkeit am Grunde der Welt. Wo kein Gefühl, kein Leben, keine Liebe mehr möglich ist.

Am größten Eisberg der Welt, am Ross Schelfeis - so groß wie Frankreich -, wurde 1912 das Tagebuch von Captain Robert Scott gefunden, der bei seiner Rückkehr vom Südpol mitsamt seiner Mannschaft elendig ums Leben kam. In diesem Tagebuch standen als seine letzten Worte: "Großer Gott! Was für ein entsetzlicher Ort!!!"

Am Pol der "Unerreichbarkeit", in den eisigen, unerbittlichen Stürmen, wenn das Treiben der Menschen unendlich ferne ist, dann kann man bestimmt den Geist der Schwere fühlen, der die ganze Erde bis zu den Wurzeln der Bäume durchdringt.

Sag mir - Erde! Baust du dein Sein auf diesen lebensfeindlichen Pol? Wo die meisten Meteoriten der Welt als schwarze Klumpen herunterfallen?

Erde: Einmal bin ich in der Abkehr von Gott, selber ein Gott, in die Materie gefallen. Doch am Nordpol, der Arktis, suche ich den Weg zurück.

In der Antarktis bin ich Materie geworden. In der Arktis werde ich Antimaterie.

Mensch: Dann muß ich dich auf der anderen Seite über dem Nordpol im Nordlicht suchen?

Erde: Ja, oberhalb der Sonnenlinie, unerreichbar deinem Sein, zerstöre ich das Selbstgeschaffene.

In den unsteten, unwirklichen, geisterhaften Lichtspielen lebe ich mein außermaterielles Sein. Dieses Licht bewegt sich schneller, selbständiger und egoistischer als die Sonne.

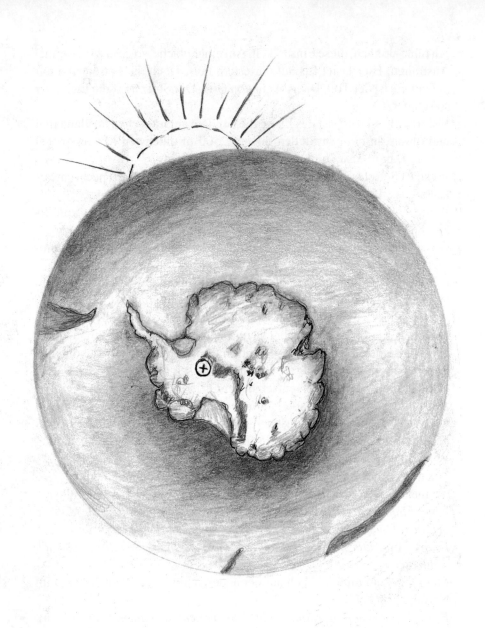

Südpol - Antarktis

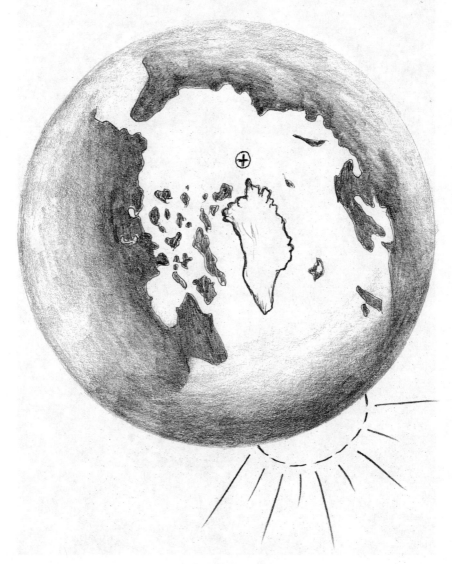

Nordpol - Arktis

13

Zwar gibt es auch am Südpol Lichterscheinungen, aber sie sind dort von entscheidend anderer Qualität. Dort strahlen sie nach innen, hier strahlen sie nach außen. Dort schaffe ich die Materie aus dem Licht, hier löse ich das Licht aus der Materie.

Du selber findest diese zweifache Lichterzeugung im Bewußtsein deines Ich. Dort neigst du zur Kälte, hier zur Illusion.

O Mensch! Hänge dieses Ich nicht an die Zerstörung, sondern beschwere es durch das Mitleid mit meinem geopferten Sein. Sonst zerstörst du dich, mich und deine Mitmenschen.

Mensch: Ein Eskimo erzählte einmal: "Dann saßen wir den ganzen Winter zusammen, und jedesmal, wenn wir das Polarlicht sahen, rötete es sich vom Westen her, fast bis zur Mitte, und änderte dann erneut seine Farbe.

Das passierte den ganzen Winter über, und dann brach im Herbst der Zweite Weltkrieg aus. Meine Großmutter sagte zu mir: »Ich habe immer gesagt, daß, wann immer das Polarlicht rot wird, es viel Blutvergießen gibt.

Und siehst du, es ist Krieg, viele Menschen werden sterben und viele verbluten. Der Horizont, das Polarlicht, sagt uns das voraus.«"

Deswegen - o Erde - haben die Eskimos Angst vor deiner gewaltigen Lichtkrone. Sie glauben, daß du eines Tages mit deinen Lichtarmen nach ihnen greifst.

Ich bewundere dieses sonnenferne Licht, aber ich erschrecke auch über seine Unstetigkeit.

Und wenn du vom Pol aus über die angrenzenden Länder fegst, so ist es, als ob du das Licht aus deinem Leib heraussaugst. Ein Licht, flüchtig wie Illusionen.

Erde: Es ist der Gegenpol zum Abstieg, es ist das Verlassen der Welt.

Mensch: Ja, deine Lichter schweben wie über einem Totenschädel. Die Eskimos glauben, daß die bunten Lichtbänder Geister von Toten seien, die mit einem Walroßschädel Ball spielen.

So erschöpfst du dich an der Einseitigkeit und Schwerelosigkeit des geraubten Lichtes und bist in Gefahr, dem Wahnsinn zu verfallen.

Erde: Davor schützt mich die Macht des Südpols.

Wie ein Baum, der nach unten wurzelt und nach oben blüht, verbinde ich den Norden mit dem Süden.

Denk dir die Sonne über dem Äquator und dort der Erde direkt gegenüberstehend, dann kannst du dort die imaginative Vorstellung der Erdenoberfläche haben. Und den Wechsel der Sonne zum nördlichen und zum südlichen Wendekreis siehst du dann als ein Über- und ein Unter-die-Erde-tauchen der Sonne an.

Und nun schaue!

In Südamerika wurzele ich nach unten und schließe das ganze Lebensgeschehen in mich ein.

In Nordamerika aber strebe ich nach oben und nach außen und atme den Weltengeist ein und aus.

Mensch: Eine zur Sichtbarkeit verdichtete Idee der Verbindung zweier Welten. So stehst du mir in Nord- und Südamerika gegenüber. Ein sich in den Raum hineinoffenbarender Geist.

Erde: Dadurch eben kannst du dich frei in den Raum hineinstellen. Dadurch erst ist dir ein Oben und Unten im Erleben möglich geworden. Schau in dich selber. Denk dir die Sonne in deinem Sonnengeflecht hinter dem Magen und mit dem Zwerchfell zusammen die Erdenoberfläche bildend, dann siehst du in den unteren Gliedmaßen, vor allem in der Form von Steiß- und Kreuzbein, die Kräfte, die dich in die Erde tragen. Und denk dir den gesamten Brustkorb nach oben strebend und die Weltenseele ein- und ausatmend, dann hast du in dir den noch lebendigen Gedanken meiner im Äußeren schon toten Form.

Mensch: Ich sehe - ja! Wie Nordamerika nach oben gezogen wird und sich zum Nordpol hin auflöst und wie Südamerika sich mit seiner zusammengezogenen Spitze nach dem Südpol orientiert.

So sehe ich, wie ich mich mit meinen unteren Gliedmaßen in die Kräfte der Erde und mit meinen oberen Gliedmaßen, also der Brust und den Armen, in die Luft und das Licht der Freiheit bewege.

Und dafür danke ich dir - o Erde.

Aber ich sehe auch, wie du nach dem Norden hin zerbröckelst und dich auflöst. So wie ich mich nach dem Geiste hin verliere, wenn ich einseitig bleibe.

Und es kommt mir die Sage des "Tantalos" in den Sinn.

Tantalos, ein Sohn des Zeus, durfte als einziger Sterblicher an der Götter Tafel speisen. Aber er raubte den Göttern ihre Köstlichkeiten und trug sie zur Erde hinab. Dann zerstückelte er seinen Sohn und bot ihn den Göttern zur Speise. Doch alleine Demeter aß von diesem gräßlichen Geschenk und verzehrte ein Schulterblatt. Als die Götter Pelops wieder neu erschufen, fehlte ein Schulterblatt. Dieses setzten sie ihm aus Elfenbein ein.

Grönland

Nordamerika

Äquator

Südamerika

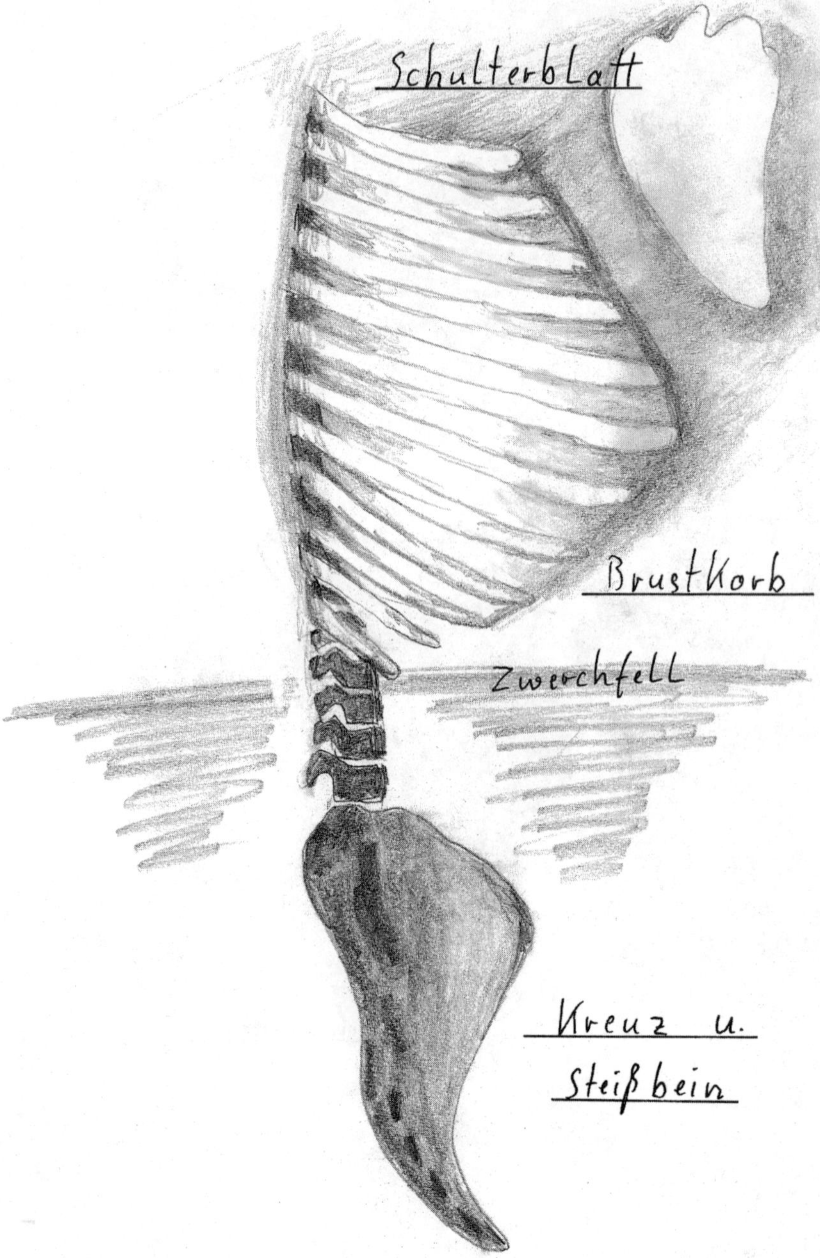

Schulterblatt

Brustkorb

Zwerchfell

Kreuz u.
Steißbein

18

Demeter, die Göttin des Wachstums und der Fruchtbarkeit, entzog dem Schulterblatt seine Kräfte und hielt sie in der Götterwelt zurück.

Und nun leuchtet mir das weiße Schild Grönlands entgegen und erinnert mich an das Schulterblatt des Pelops oder auch an mein eigenes. Doch gleichzeitig erinnert es mich auch an eine Schädelbildung, die nicht zum Ende kam, da ihre Kräfte in der Götterwelt verblieben. D. h., Demeter, die Göttin der Fruchtbarkeit und des Wachstums, hat diese Kräfte Grönland entzogen und es als physisches Schild vor die Götterwelt gelegt.

Erde: Du empfindest ganz richtig die Geheimnisse, die ich dir zeige. Du lernst dich dadurch kennen.

Aber du lernst noch mehr, wenn du meine Phänomene bis ins Detail in deinem Wesen fühlst.

Mensch: Wenn ich dich nun auf deine Anleitung hin in Südamerika weiter betrachte, so fällt mir wirklich die geballte Kraft auf, die sich wie in einem schweren Block verschließt und nach unten drängt.

Ein gewaltiger Bergzug - die Anden - läuft senkrecht die Westküste herunter und wird sogar noch von einem 7000 m tiefen Tiefseegraben begleitet.

Viele erloschene und noch tätige Vulkane durchbrodeln das Land, und eine Menge Erdbeben durchrütteln es.

Es trägt den höchstgelegenen See der Welt, den Titicaca-See auf 3812 m Höhe. Die Schneegrenze aber liegt erst bei 6000 m.

Erde: Und es trägt die höchstgelegene Großstadt der Welt in 3700 m Höhe - La Paz.

Um aber dieses und alle weiteren Phänomene richtig verstehen zu können, fordere ich allen Mut von dir.

Vergiß alles, was du vorher gedacht, und vor allem, wie du gedacht hast.

Denke dir ganz Südamerika als im Innern der Erde gelegen. Hineinragend in einen Bereich, der die stärksten Kräfte konzentriert.

Jeder Fluß, jedes Feld, jede Bergspitze ist anders zu bewerten als sonstwo auf der Welt.

Wie ein Knochen in deinem Inneren anders wirkt als ein Schulterblatt oder eine Hirnschale. Knochen ist nicht gleich Knochen, und Berg ist nicht gleich Berg in der Welt.

Verstehe bitte - o Mensch -, daß ich dir mit dieser Eröffnung den Zugang zu den wahren Geheimnissen meines Seins schenke.

Du mußt nur den Mut haben, wie ein Künstler zu denken.

Die Wirksamkeit der Inkas z. B. kannst du anders niemals verstehen. Die alten, vergangenen Kulturen, mußt du wissen, haben noch eine viel innigere Beziehung zu meiner Seele gehabt.

Das mächtige Inka-Reich erstreckte sich 3680 km weit über die Gebirgszüge der Anden. Und dort stand z. B. in einer wunderschön gebauten Stadt - Machu Picchu - in 2300 m Höhe der Stein "Intihuatana", was soviel heißt wie: "Pfosten an dem die Sonne befestigt ist".

Eine Sonnenuhr, aus einem gewachsenen Stein gehauen, der aber für die Inkas die Eigenschaft hatte, die Kraft der Sonne ins Innere zu binden.

Aus dieser Kraft heraus lebten sie, und ich schenkte ihnen meine eigenen unterirdischen Sonnenkräfte.

Mensch: So sind wohl auch die sagenhaften geometrischen Formen von Nazca zu erklären?

Wo in die Wüste Perus, zwischen der Westküste und den Anden, riesige Figuren gleichsam in den Sand eingebrannt sind?

Denn in dieser Region, wo seit 10000 Jahren fast kein Tropfen Wasser gefallen ist, wird jeder Fußabdruck jahrelang eingebrannt. Und in dieser Erde sind Zeichen, Tiere, Figuren und Symbole eingebrannt von bis zu 65 km Länge.

Aus einer undurchbrochenen Linie gemalt und in einer Perfektion, die erstaunen läßt.

Sind diese Linien auch so zu erklären?

Erde: Ja, alles aus dem Innen heraus und in das Innen hinein.

Muschelabdrücke geistigen Lebens aus einer lang vergangenen Zeit. In diesem Land trage ich die Sonnenkraft tief im Inneren der Erde. Dort eben, wo die Inkas ihren Sonnenschatz vergraben sahen. Die Inkas, d. h. die Kinder der Sonne, hatten ihre Geburtsstätte am Titicaca-See. Der Sonnengott selber hatte ihnen den Ort gewiesen, da ihr Sonnenstab dort in der Erde versank. Das war auf einer Insel im Titicaca-See.

Mensch: Ich bewundere die Kraft der Sonne in den leuchtenden Farben, der Schönheit der Natur, der Menschen und der Edelsteine dieses Landes.

Aber ich sehe auch die gewaltige physische Kraft, wie sie nach außen drängt in Form der ungeheuren Wassermassen dieses Landes.

Der Amazonas entspringt hoch in den Anden und wird zum mächtigsten Strom der Erde. Er bildet das riesige Brasilianische Tiefland und durchfließt mit seinen 1100 Nebenflüssen die "Grüne Hölle" in der Größe von Australien. Er transportiert mit seinen zwei Hauptflüssen, dem Rio Negro und dem Rio Solimões, die sich zum Amazonas vereinigen, zwei Drittel des gesamten Fließwassers der Erde.

240000 m³ Wasser entläßt er täglich in den Atlantischen Ozean.

Mit einer Kraft, daß er das Meer auf 200 km zurückdrängt. Das Klima der ganzen Welt wird entscheidend vom Amazonasbecken beeinflußt.

Erde: Ein Bild deiner Willenskräfte, wie sie sich aus dem Stoffwechsel heraus in die Welt ergießen.

Ebenso wie sie deinen Organismus speisen.

Mensch: Aber auch die Wasserfälle des Iguaçu im südöstlichen Dschungel Brasiliens zeugen von der gewaltigen Kraft dieses Landes.

Es sind die eindrucksvollsten und größten Wasserfälle der Welt. Der mächtige Katarakt besteht aus 275 Einzelfällen. An manchen Stellen donnern sie vom vier Kilometer langen Rand 82 m steil in die Tiefe.

Diese Wasserfälle sind viermal so breit, anderthalbmal so hoch und siebenmal wasserreicher als die Niagara-Fälle in Nordamerika.

Das gesamte Wasser der Iguaçu-Fälle donnert dann durch eine enge Schlucht mit dem Namen "Teufelsrachen".

Ein gewaltiges Schauspiel, das tief in die Eingeweide führt.

Dieses Land kann faszinieren in seiner geballten Masse. Es schließt so viele Geheimnisse ein, wie es Edelsteine in seinem Inneren birgt.

Wenn ich dieses Land - o Geist der Erde - ganz aus dem Inneren heraus verstehen will, so wird mir das Licht der Edelsteine zu einer Erinnerung an Zeiten, wo die Sonne selber dieses Land noch in ihrem Inneren trug und wo ich selber auch noch in ihr getragen war.

Deine Dunkelheit und Undurchdringlichkeit - o Erde - sind mir dann ein Ergebnis meines heutigen Bewußtseins.

Wenn ich aber durch die Steine wieder hindurchsehen könnte ...

Durch den Amethyst, den Rosenquarz, den Turmalin, den Chrysoberyll u. a., dann könnte ich wieder in das Licht deiner Augen schauen und in meine Vergangenheit. In die Idee deines Landes, wie sie einst in der Sonne lebte. Und wenn ich durch deine reinen Metalle, das Gold, das Silber, das Kupfer, hindurchschauen könnte, hätte ich wieder die Verbindung zu deiner reinen kosmischen Seele.

Aber zu stark sehe ich die Dunkelheit, die alles verdeckt. Die Tragik deiner Verschlossenheit in der Hinneigung zum Südpol. Zu stark die Krankheit, den Tod, die Abkehr von Gott.

Wie kann ich dich - o Erde - aus diesem deinem Opfer erlösen?

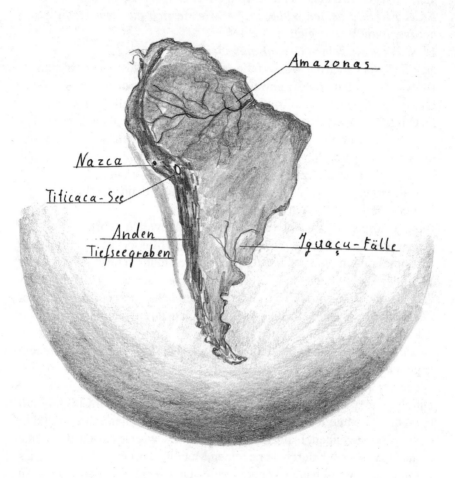

Amazonas

Nazca

Titicaca-See

Anden
Tiefseegraben

Iguaçu-Fälle

22

Erde: Du bist erst am Anfang der Erkenntnis. Die Antwort wirst du finden, wenn du weiter suchst.

Mensch: Wenn ich dich dann in Nordamerika suche und künstlerisch frei schaue, kommt es mir vor, als ließe Südamerika einen Drachen steigen - und der Drache ist Nordamerika.

Erde: So ist es durchaus richtig empfunden. Die Krone eines Baumes wird auch von den Wurzeln gehalten.

Du mußt lernen, den Norden und den Süden vollkommen polar zu empfinden. Bei jedem Schritt über meinen Boden, mußt du die andersgearteten Kräfte spüren. Im Süden steckt die Sonnenkraft in der Erde und wird zur Kraft meines Willens.

Im Norden löst sich das Licht aus den Runen der Erde heraus und wird zur Freiheit des Geistes.

Im Süden liegt meine Kraft unterhalb der imaginären Erdoberfläche und offenbart die Impulse nach außen.

Im Norden liegt das Land oberhalb der imaginären Erdoberfläche und strahlt seine Kräfte ins Innere der Seele und des Geistes, und das Physische bleibt außen vor.

Mensch: Das ist mir sehr schwer vorstellbar.

Ich will es einmal versuchen zu finden an den unterschiedlichen Erlebnissen der Hände und Füße.

Die Füße, die der Schwere der Erde angehören, sind unbeweglich und kompakt geformt. Sie tragen den Menschen und seinen Willen als geballte Kraft nach außen. Ich will sie mit Südamerika vergleichen.

Die Hände aber tragen in ihrer Wölbung der Innenfläche das tiefste seelische Empfinden. Ihren Charakter tragen sie in den Eingrabungen ihrer persönlichen Linien.

Durch ihre freie Beweglichkeit und die Eingrabungen ihrer Linien erfüllen sie die Seele mit Inhalt.

Durch sie können die Geheimnisse der Welt "ergriffen" werden.

Wenn ich das auf Nordamerika übertrage, dann sehe ich den sich befreienden Geist, wie er sich aus den Tälern, Eingrabungen, Fjorden und Canyons erhebt.

Wenn ich es auf den Brustkorb übertrage, sehe ich in der Auflockerung der Rippen und deren Beweglichkeit die Befreiung des Geistes.

Erde: Du hast recht! Im Süden wird in der Erde der Stoff gebildet und drängt in gewaltigen Massen nach außen.

Stell dich auf die Gipfel der Berge des Südens, und du empfindest ihre Kraft durch deinen Körper hindurch.

Im Norden wird der Stoff der Erde vernichtet und reißt tiefe Schnitte und Wunden in den Boden. Schwebe über sie hinweg, und du empfindest ihre Neigung, dich in den Geist aufzulösen.

Im Süden hält die Sonne die Erde im Inneren fest.

Im Norden beflügelt der Mond die Phantasie.

Mensch: Warum der Mond?

Erde: Den Mond habe ich aus mir entlassen, um dich zu halten.

Auf deinem Weg ins Innere der Seele bist du in Gefahr, mich zu verlieren. Der Mond hält deinen Flug auf und bindet dein Eigenlicht in meine Sphäre. Aber damit ist er auch Garant, daß du dir deiner überhaupt bewußt bist. Fändest du kein Hindernis im Kosmos, ginge dir jedes Eigenleben verloren.

Alleine kann ich dir nur den dunklen Boden liefern.

Das Licht der Sonne gibt dir dann in seiner Zurückstrahlung das Bewußtsein von mir. Vom äußerlich-gegenständlichen Ich deines Erlebens.

Das phantasievolle, abstrakte, weltfremde Seelenleben gibt dir der Mond. Im Heben und Senken deines Brustkorbes findest du sein Bild. Gerade so wie er selber voll wird und wieder abnimmt. Oder wie er seinen Rhythmus in Winter und Sommer in mich einschreibt. Im Winter preßt er mich, im Sommer verliert er an Kraft.

Das Licht des Mondes und das Licht der Sonne gehen ganz unterschiedlich mit meinen Kräften um.

Das Sonnenlicht lockt das Leben aus meinem Leib heraus und vernichtet alles, was diesem Leben nicht folgen kann. Das zerbröckelt dann zu Staub. Für deine Augen ist das Sonnenlicht nicht sichtbar, sondern nur mein beleuchteter Körper, der sich in diesem Licht selber zu erkennen gibt.

Das Mondlicht aber ist ein fast körperliches Licht, das, als ein vom Mond aufgehaltenes Sonnenlicht, in den Erdenraum und in deine Seele hineingeworfen wird. Und der Mond ist die Grenze, von der aus das Licht zurückstrahlt.

In diesem Licht wird der lichttragende Engel - Luzifer - sichtbar, der im abstrakten Seelenleben des Menschen seine Wirksamkeit entfaltet und die Erde von sich stoßen möchte, um sich von ihr zu befreien. Aber dieser Rückstoß wirft mich, die Erde, in die Form hinein.

Der Mond, der deine Seele halten soll, läßt meinen Körper frieren.

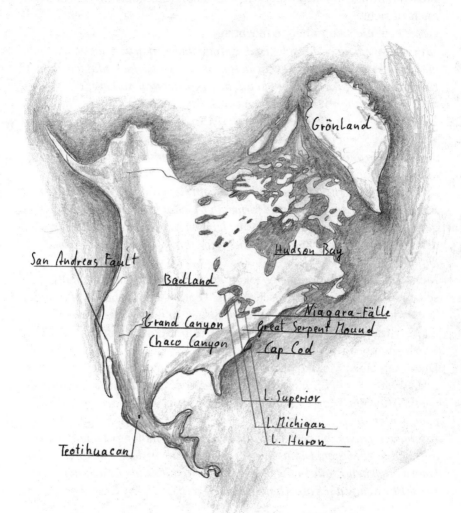

Grönland

San Andreas Fault

Hudson Bay

Badland

Niagara-Fälle

Grand Canyon

Great Serpent Mound

Chaco Canyon

Cap Cod

L. Superior

L. Michigan

L. Huron

Teotihuacan

Mensch: O ja, ich kenne die kalten Winternächte, wenn der Mond am höchsten steht und sich eine silberne Eisschicht über das Land legt. Das Licht des Mondes ist dann aber wie selbständig. Es saugt mich ein und ruft mich zu sich.

Gedanken, die sich mitteilen möchten.

Erde: Deswegen - o Mensch - ist der Mond im Norden von außen wirksam und schickt seine Gedanken in deine Seele, wenn du schlafend deinen Körper im Bett zurückläßt und er deinen Körper von außen formt, wie er mich in den kalten Winternächten zur Starre zwingt.

Doch dann, wenn das Licht der Sonne die Starrheit löst, dann zieht die Wärme des Sonnenlichtes deine Lebenskräfte nach außen und entzündet den Willen in deinen Gliedern. Die Gedanken aber trägst du mit in den Tag hinein und formst mit ihnen deinen flammenden Willen.

In dir gleichen sich Nord und Süd aus. In mir liegen sie getrennt vor deinen Blicken. So gibt der Norden die formenden Gedankenkräfte und der Süden das Feuer des Willens. Und im Atem gleichen sie sich rhythmisch aus, weil der Mond im Ab- und Zunehmen nicht nur formt, sondern die Form auch entläßt.

Mensch: Das haben die Azteken wohl gewußt und deshalb ihre südamerikanische, vorhistorische Stadt "Teotihuacan" genannt, was soviel heißt wie "der Ort derjenigen, die die Straße zu den Göttern haben".

Diese Straße war im Norden, vorbei am Sonnentempel, von dem Mondentempel gekrönt.

Dieser Ort lag in Mexiko und leitete in das nordamerikanische Land über.

Erde: Daß ich mich im Norden löse und nach oben bewege, kannst du deutlich am San Andreas Fault (Andreasgraben) in Kalifornien wahrnehmen. Unter dem kalifornischen Boden treffen zwei tektonische Platten zusammen. Davon bewegt sich die pazifische Platte langsam und beständig nach Nordwesten. Dadurch reibt sie schneller an der zurückbleibenden amerikanischen Platte vorbei und verursacht dauernde Erschütterungen. Diese Bewegung nach oben hinterläßt den gefährlichsten Erdbebengraben der Welt.

Für dich ist er eine Gefahr. Für mich ist er eine notwendige Bewegung. Alles bewegt sich nach oben. Du siehst es bis in die kleinste Bewegung des Landes. Z. B. Cape Cod an der Ostküste der USA in Massachusetts.

Mensch: Ja, es ist, als ob sich das ganze Land nach oben hebt, um gegen das Nordpolarmeer hin zu zerbröckeln.

Dabei bleibt Grönland ganz in den Kräften des Mondes. Denn Demeter, die Göttin der Fruchtbarkeit, ist die Göttin des Mondes, und sie hat Grönland als Schulterblatt des Pelops verzehrt. Somit hat sie in sich zurückbehalten, was sie sonst in Form ihrer Tochter Persephone der Erde als Fruchtbarkeit geschenkt hat. So zeigt Grönland die äußeren Kräfte des Mondes, die Nordamerika nach oben hin abschließen und vor dem Davonfliegen schützen.

Grönland ist eine gewaltige, mit Eis und Schnee gefüllte Insel. Die Eisschicht ist stellenweise 5 km dick und enthält ein Zehntel der gesamten Eisschicht der Welt.

Sollte das Eis schmelzen, würde der Meeresspiegel um 6 m ansteigen. Also mit unabsehbaren Folgen für die ganze Weltengestaltung.

Das älteste Gestein der Erde liegt unter dem Eis und bildet auch das Herz der kanadischen Landmasse.

An der von tiefen Fjorden gespaltenen Küste ragen die Felsen bis 2600 m in die Höhe. Das Innere des Landes aber ist wie eine Schale ausgehöhlt.

Erde: So sind die Phänomene - o Mensch! Erkenne sie, wie du die Innenfläche deiner Hand erkannt hast.

Auch in Nordamerika bin ich ausgehöhlt und von zwei nach Norden ziehenden Gebirgszügen begrenzt.

Den Appalachen im Osten und den Rocky Mountains im Westen.

Mensch: Die Appalachen glühen im Herbst in nie gesehenen Farben der Bäume und geben das Licht dem Kosmos zurück. Sie scheinen das Nordlicht zu speisen oder es anzubeten. Wie die von den Indianern in Ohio tausend Jahre vor unserer Zeitrechnung geschaffene Riesenschlange. Der "Great Serpent Mound" ist 405 m lang und knapp 1 m hoch, aus Erde geformt.

Das weitgeöffnete Maul der Schlange scheint den Halbmond zu tragen; und in diesem ruhend - die Sonnenscheibe.

Oder Grönland?

Aber auch die Niagara-Fälle, nördlich der Appalachen, zwischen dem Lake Erie und dem Lake Ontario, erstrahlen in den schönsten Farben.

Das Wasser hat durch seine Sedimentfreiheit eine smaragdgrüne Farbe, und bei seinem senkrechten Fall bildet sich eine Wolke aus feinstem Wassernebel, in dem die schönsten Regenbogenfarben in allen Möglichkeiten variieren.

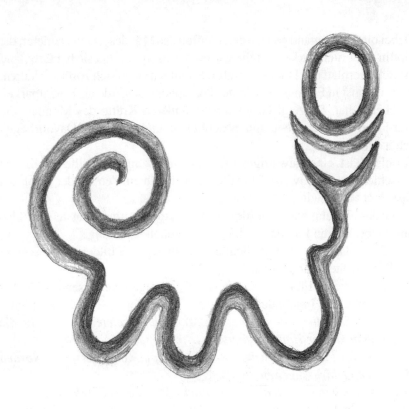

Great Serpent Mound und Cape Cod (unten)

Ja, in den spiegelnden Kräften der drei großen Seen, Lake Superior, Lake Michigan, Lake Huron, scheinen die Herzkräfte Nordamerikas zu liegen.

Erde: So wie du dein Herz in deiner Brust trägst.

Mensch: Durch dein Herz strömt das Licht Amerikas nach oben, und von dort kommen ihm durch die Hudson-Bai die kosmischen Kräfte entgegen. Das alles wird von den Rocky Mountains als Wirbelsäule gestützt.

Erde: Aus dem ganzen Land löst sich das Licht. Doch nicht nur schön wie in Regenbogenfarben, sondern auch aus todbringenden, lebensfeindlichen Regionen. Aus den Abgründen des Seins.

Mensch: O ja, wie an den Abgründen des Seins, so kann man sich empfinden, wenn man am Grand Canyon steht.

Entlang des Colorado River in Arizona erstreckt er sich über 5200 qkm. Die Schlucht ist über 400 km lang und 6 bis 30 km breit. An seiner tiefsten Stelle, dem Granit Gorge, fallen die Felsen 1600 m tief jäh nach unten ab. Ein gähnender Schlund wie am Ende der Welt.

Um mit den dortigen Geistern Kontakt aufzunehmen, haben die Indianer im Chaco Canyon in New Mexico vor langer, langer Zeit eine hochstehende Kultur entwickelt.

Sie ließen runde "Kivas" in den Erdboden ein und benutzten sie als Kulträume. Ein Kiva z. B. fungierte als "Gebärmutter" der Erde, in der die Menschen mit den Geistern der Ahnen sprachen.

Hingegen als "Schlechtes Land" bezeichneten die Indianer in South Dakota ihre Gegend. Ein 15000 qkm großes Gebiet mit steilwandigen Hängen, tiefen Schluchten, Rinnen, Furchen - wie ein von den Göttern verdammter Ort.

Darüber hinweg jagen die Winde aus Nord und Süd.

Die warme Luft des Südens und die kalte Luft des Nordens werden rhythmisch ein- und ausgeatmet.

Erde: So wie sich dein Brustkorb hebt und senkt. Nur langsamer.

Mensch: Aber dafür wild und heftig wie z. B. bei den "Blizzards", die mit großer Geschwindigkeit Schnee und Eiskristalle über die baumlose Ebene fegen und Mensch und Tier blitzschnell erfrieren lassen.

Oder den "Northers", die bis zur Golfküste hin das Land mit Stürmen und Eisregen bedecken.

Vom Süden her kommen die "Tornados" mit Windgeschwindigkeiten im Wirbel von bis zu 740 km/h. Im Unterdruck des Zentrums wird der Raum negativ ausgehöhlt.

Etwa 156 Tornados muß das Land im Jahr verkraften.

Und dann die "Hurrikane", etwa 7 im Jahr. Sie verwüsten das Land und können ein negatives, windstilles Auge bis zu 13 km Durchmesser haben. Große Verwüstungen und Überschwemmungen bringen sie mit.

Im "Land des Tabaks" sind die Kräfte der Lunge zu Hause.

Erde: Ich stelle meine Kräfte in den Raum hinein, und du siehst daran, wie du selber im Raum stehst, atmest und dich bewegst.

Mensch: Aber du zeigst es mir mit Einseitigkeiten.

Du bist es nicht alleine, nicht selber.

Im Süden beherrscht dich ein Wesen, das dich unter die Erde bannt, und im Norden ein Wesen, das die Erde flieht.

Aber die Erde, du selber, wo bist du?

Im Süden vergrabenes Licht, gefesselt an den Tod der Materie. Im Norden gestohlenes Licht, sich in Weltillusionen verlierend.

Aber wo bist du - Erde, wo ist dein wahres Sein?

In Amerika finde ich dich nicht, denn wo du sein solltest, in der Mitte zwischen Nord und Süd, da sehe ich den Golf von Mexiko und das Karibische Meer.

Nur ein Drachenschwanz und zerschlagene Inseln liegen dort in deinem Bereich.

Wo also bist du - Erde?

Ja ich, ich habe die Einseitigkeit überwunden und trage die Idee der Ganzheit in mir. Egal, wo ich mich auf dir bewege oder geboren bin, ich bin immer ich. Ich trage immer die ganze Welt in mir. Hast auch du einen Ort, wo du die Idee der Erde trägst?

Erde: Das ist das, was mich so glücklich macht - o Mensch -, denn ich sehe meinen Heiland in dir. Alle deine Teile, oben, unten, rechts und links, strahlen zusammen, und als Ergebnis leuchtet mir dein Ich-bewußtes Engelwesen entgegen. So muß ich es sehen.

Aber auch meine Kräfte strahlten einmal zusammen, und durch sie hindurch offenbarte sich ein Gott - der Gott!

Dieser hat sich eingeschrieben in meinen Leib, und gerade bist du dabei, ihn zu suchen.

Du mußt ihn finden, denn erst dann finde auch ich ihn endgültig wieder.

Dann findest auch du deine Erlösung in ihm und mir.

Da, wo du suchst, in der Mitte zwischen Nord und Süd, da mußt du ihn dir jetzt einmal denken.

Er hat die Kraft, das fliehende Lichtwesen im Norden zu halten, und hat die Kraft, den gefangenen Geist im Süden zu heben.

Mensch: Aber er steht nicht dort. Sondern in dem Gebiet, wo er stehen sollte, haben die Maya ihre Tempel gebaut.

In einem Meer aus grünem Regenwald im mexikanischen Bundesstaat Chiopas liegen die Ruinen der Tempel der Maya. Die Kultstätte besteht aus drei Tempelpyramiden. Dem Tempel des Kreuzes, dem Tempel des Blattkreuzes und dem Tempel der Sonne.

Jeder Tempel umfaßt zwei gewölbte Räume. Im Inneren der Tempel sind auf einer steinernen Relieftafel zwei Männer zu sehen, zwischen denen sich das Weiheobjekt befindet.

Im Tempel der Sonne ist es die Maske des Jaguar-Gottes der Unterwelt. In den beiden anderen Tempeln ist es jeweils ein Baum in Form eines Kreuzes.

Dazu kommt der Tempel der Inschriften. Von einem Zwerg in drei Tagen erbaut ..., ist er von lebensgroßen, Kleinkinder tragenden Figuren geschmückt.

1949 entdeckte der mexikanische Archäologe Alberto Ruz Lhuiller auf dem Boden des Tempels eine riesige Steinplatte. Darunter eine Krypta mit einem Sarkophag.

Diese Krypta lag 24 m unterhalb des Tempels, war 9 m lang und 7 m hoch. Den Sarkophag bedeckte eine fünf Tonnen schwere Steinplatte. Auf dem in ihr eingearbeiteten kunstvollen Relief war eine liegende menschliche Gestalt zu sehen, aus deren Bauch heraus ein Kreuz nach oben wuchs.

Dieses Kreuz - o Erde -, aus dem Bauch herauswachsend, läßt mich schaudern. Ist der Golf von Mexiko nicht auch der Bauch, wenn der Brustkorb in Nordamerika und die unteren Gliedmaßen in Südamerika liegen?

Und die drei Kreuze - erinnern sie nicht an Golgatha?

Aber in dem Sarkophag lag kein Gott, sondern Pacal, der weltliche Herrscher der Maya.

Er trug eine Totenmaske aus 200 Jadestücken. Die Augen bestanden aus Perlmutt und Obsidian. Das ganze Skelett war mit Jadeschmuck verziert.

Ein großes Stück Jade lag in seinem Mund, und in jeder Hand hielt er einen Jadestein.

Ein Herrscher ganz in grünem Stein, in einem purpurrot ausgeschlagenen Sarg.

Nicht, wie auf Golgatha, ein sich durch das Blut opfernder, sondern ein im Blut festgehaltener Geist.

Schon der Anblick der grünen Maske läßt die Seele schaudern.

Erde: Dann sage mit also: Was müßte ein Gott tun, um den Norden, den Süden und die Mitte zu erlösen?

Mensch: Er hätte das Kreuz auf sich nehmen und das Blut opfern müssen. Dann hätte sich ihm der flüchtige Geist des Nordens geneigt, und der gefangene Geist des Südens hätte sich ihm geopfert.

Erde: Er hat sich selbst gestürzt, der illusionäre, obersonnige Geist. Und er hat sich in der Materie zerstört, der egoistische, untersonnige Geist. Das ist wirklich geschehen - o Mensch! Durch Christus geschehen in der Verbindung von Europa, Asien und Afrika.

Du kannst Christus in Palästina stehen sehen. Über ihm stürzt "Luzifer", und unter ihm fesselt sich der Geist der Finsternis, "Ahriman", wie ihn die alten Perser nannten und wie ihn Rudolf Steiner euch Menschen wieder gezeigt hat.

Mensch: Also stürzt Nordamerika über das Sonnenwesen hinweg und gräbt sich ein in den herunterfließenden Gebirgsmassen des Himalaja. Die Kanadischen Inseln stürzen herunter und werden zum Indonesischen Archipel.

Grönland wird mit heruntergeschleudert und erscheint in neuer Gestalt unterhalb der Sonnenlinie als Australien.

Asien offenbart sich als gestürzter Engel, als ein sich selbst opfernder Geist.

Südamerika fesselt sich im eigenen Licht und Gold und wird zu Afrika zu Füßen des Gottes.

Der Amazonas greift nach dem Gott und wird zum hinaufschlängelnden Nil. So greift der gefesselte Geist nach oben und zerfällt und verhärtet in unendlichen Schmerzen vor dem niemals zu erreichenden Gotteswesen.

Und wo also - Geist der Erde -, wo bist du dann jetzt?

Erde: Ich bin das Gleichgewichtsorgan in der Mitte, das die verschiedenen Welten stützt und trägt.

Um aber mich und mich in dir zu verstehen, mußt du jetzt, von Amerika herüberkommend, deine Empfindungen vollkommen umkrempeln.

Du kommst aus dem Raum in die Zeit.

Aus dem sich nach außen Offenbarenden in das nach innen sich Entwikkelnde.

Christus zwischen den sich fesselnden unterirdischen und den
sich stürzenden überirdischen Kräften

Du mußt also bewußt das nachvollziehen, was du immer tust, wenn du aus dem körperlich Erlebten in deine Vorstellungen und Erinnerungen kommst. Also in das Innere deines Kopfen eintrittst.

In das Innere deiner Seele, ins Übersinnliche.

Mensch: So muß ich also in der Anschauung deiner Wesenheit immer geistiger verfahren. Dich dort hinführen, wo ich uns als Geschöpfe der Engel in Raum und Zeit finde.

Denn wir beide stammen aus dem Übersinnlichen und sind nur zwei Seiten einer einzigen Wesenheit.

Oft schon habe ich empfunden, wie zerbrechlich und geistig durchscheinend ich als Mensch alleine bin.

Dann sah ich mich übersinnlich leuchtend als dein dich offenbarender Gedanke über dich hinwegschreiten.

Aber ich empfand gleichzeitig, daß ich ohne dich, ohne daß du mir als Spiegel dienst, ins Nichts entschwinden müßte. Das geistigste Wesen auf Erden und doch das empfindlichste.

Kein Tier, so sagte ich mir, muß sich so schützen in Kleidung und Ernährung vor deinen natürlichen Kräften wie ich als Mensch.

Denn nichts von dir als alleine dein Gedanke darf in mich eindringen.

Wenn ich deine Wesenheit zu tief und zu schnell in mich eindringen lasse, so folgen Krankheit und Tod.

Und nun muß ich dich in deiner äußeren Form finden und zugleich in der allerdurchgeistigsten Art über dich denken.

Das Wort Goethes: "Alles Vergängliche ist nur ein Gleichnis" muß ich tief und immer tiefer empfinden lernen. Denn nur so kann ich dich aufnehmen, ohne daß du mir schadest.

Die Art, wie du der Sonne dunkel entgegenstehst, wie sich deine Berge vor meine Blicke stellen, wie du die Länder formst und das Wasser verteilst, ist nur ein Gleichnis meiner inneren Erlebnisse und Entwicklungen.

Erde: So lernst du mich kennen. Doch wenn du mich verleugnest und vor deinen eigenen Kräften blind bleibst, beschwörst du die wildesten Katastrophen herauf, die sich durch meinen Leib äußern und die doch nur Spiegel deiner Empfindungen und Gedanken sind. Die dich in der Negierung unserer Zusammengehörigkeit mit in den Abgrund reißen.

Doch wenn du jetzt ernst nimmst, daß ich für dich nur ein Gleichnis darstelle, so wirst du auch verstehen können, wie ich die Länder verschie-

den formen mußte, damit du auf ihnen deine verschiedenartigen Kräfte entwickeln konntest und kannst.

So stellte ich Nord- und Südamerika in den Raum hinein, und so ließ ich den anderen großen Kontinent, der Afrika, Asien und Europa umfaßt, in der Mitte schweben und bereitete ihn vor für deine geistige, seelenvolle Entwicklung.

"Alles Vergängliche ist nur ein Gleichnis."

So ist deine ganze Entwicklung der Vergangenheit und der Zukunft eingeschrieben in meinen Leib.

Daß Christus die beiden gefallenen Geister überwandt, war schon lange eingeschrieben in meinen Leib.

Doch vollbracht hat er es erst in der Mitte der Weltentwicklung.

Eine lange Entwicklung mußte dieser Tat vorausgehen, wobei die Tatsache dieser Tat schon den Grund für diese Entwicklung gab.

Mensch: Finde ich jetzt das Geheimnis deiner Wesenheit?

Erde: Im Spiegel deiner Entwicklung.

Durch den Sturz Luzifers, welcher durch Christus später erneuert wurde, sind die Kräfte erst geschaffen worden, die uns ins Leben riefen.

Ein Geist, der gestürzt wird, wirft Kräfte in die Welt, die sonst in ihm geblieben wären.

So siehst du in Asien, im Himalaja-Gebirge, Kräfte, die sich vom Geist getrennt und deine Entwicklung erst möglich gemacht haben.

Ein in die Erscheinung tretendes übersinnliches Wesen.

Schau auf das Bild des großen Künstlers Michelangelo, auf das Bild der Erschaffung des Adam.

So wurde Michelangelo aus der ewigen Wahrheit inspiriert.

Mensch: Wenn ich dich künstlerisch schauen soll, so will ich gerne von den großen Künstlern lernen. Michelangelo selber sagte einmal: "Gute Malerei ist nichts anderes als die Kopie der vollkommenen Werke Gottes und ein Spiegel seiner Malerei."

Erde: Dann schau, wie er den himmlichen Vater gemalt hat, getragen von seinen Engeln, und deine eigene Seele tragend in Form der Eva. Schwebend im Bereich des heutigen Himalaja, im geheimnisvollen Land Shambhala.

Dann siehst du in eine Welt, die dich aus dem eigenen Opfer heraus ins Leben trug.

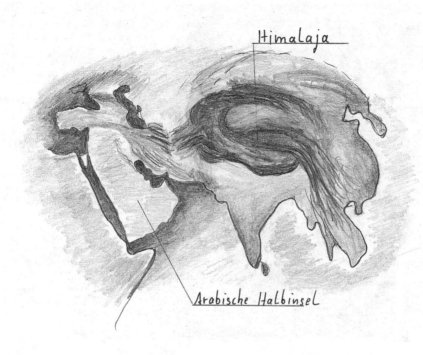

Himalaja

Arabische Halbinsel

Erschaffung des Adam von Michelangelo

37

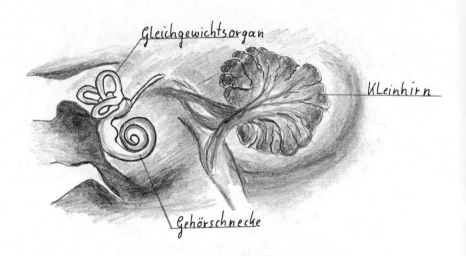

Gleichgewichtsorgan

Kleinhirn

Gehörschnecke

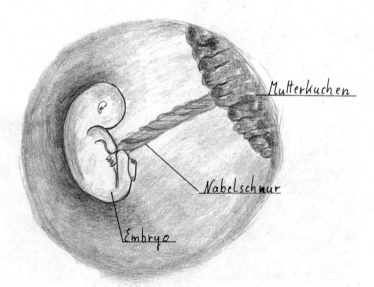

Mutterkuchen

Nabelschnur

Embryo

Und ich selbst, ich werfe dein Spiegelbild zurück in der Gestalt des Adam. Hingestreckt auf die Länder Saudi Arabien, Türkei und Iran und lauschend auf die Offenbarung aus den Höhen.

In diesem Bereich hattest du vorher das Gleichgewichtsorgan meiner Kräfte gefunden.

Mensch: Das Gleichgewichtsorgan in meinem Kopf ist verbunden mit der Gehörschnecke und liegt ebenso hingestreckt und lauschend in meinem Kopf wie der Adam in deinem Bereich.

Es ist aber auch das gleiche Bild, das mir die Entwicklung eines Embryo im Mutterleib zeigt.

Ernährt von der Plazenta, verbunden durch die Nabelschnur, getragen im Uterus, so schwebt das Kind in der gleichen Form wie der Adam. Und wie diesen Gottvater zeugt, so zeugt den Embryo die Sonne der Plazenta.

Und somit muß ich sagen, daß der Himalaja einmal das Reich Gottes trug.

Erde: Trug - denn ich habe es verloren, und du hast es noch nicht wiedergefunden.

Mensch: Aber viele Menschen suchen noch heute im Himalaja den Kontakt mit ihrem Gott. Mit dem verlorengegangenen Shambhala.

Können sie ihn dort finden?

Erde: Nur wenn sie durch mich, durch das Gleichnis hindurch, sich selber im Vorgeburtlichen finden.

Mensch: Dann führst du mit den höchsten Gipfeln der Welt am weitesten in die Vergangenheit zurück?

Erde: Hier berührst du ein Geheimnis mit der tiefsten Bedeutung für die ganze Welt.

Nur dadurch daß der Träger des Lichtes - Luzifer - gestürzt ist, konnte er sein Licht der Menschheit schenken und diese in die Inkarnation führen.

Das geschah in Asien im Opfer des Himalaja. Denn was sich aus dem Geiste heraus gebiert, muß erst einen Teil der eigenen Wesenheit opfern. Das ist ein ehernes geistiges Gesetz. So ist der Himalaja als Gegengewicht entstanden, um die tiefen kosmischen Kräfte in die Welt und in den Menschen zu gießen.

Die Welt des Vorgeburtlichen trat ins Leben. Die kosmischen Lichtkräfte entstanden im Menschen. Aber auf rein geistige Art, da ich das körperlich Sichtbare im Himalaja zurückhielt.

Im Menschen wurden diese Kräfte zur Kunst des Sich-Aufrichtens, des Sprechens und des Denkens.

In mir erschienen sie in den drei Regionen des Himalaja, dem Himalaja, dem Transhimalaja und dem Hochland von Tibet.

Mensch: In dem Bild des Michelangelo von der Erschaffung des Adam sehe ich sie als die Kraft des Denkens in der Eva, der Kraft des Wollens in dem tragenden Engel und der Kraft des Fühlens im Gottvater.

Erde: Und wie aus der Gebärmutter - o Mensch - ein physisches Kind entsteht und die Placenta als notwendige Nachgeburt ausscheidet, so entsteht ebenso aus den Kräften des Kleinhirns - als Gebärmutter des Kopfes - ein geistiger Mensch, der dem physischen Menschen zugrunde liegt.

Die Kräfte des Mondes, die wir schon in Nordamerika fanden und die hier die Geburten regeln, sie sind es, die die Innenwelt aus ihrem Opfer heraus im Gehen, Sprechen und Denken nach außen strömen lassen.

Die dem Menschen die kosmischen Geheimnisse schenken und anvertrauen. Der Gedanke des Lichtträgers wird aus dem Sturz heraus - Mensch.

Mensch: So ergießen sich auch drei mächtige Ströme in den Indischen Ozean. Aus dem Norden nach dem Südwesten hin der Indus. Aus dem gewaltigen Gebiet der 8000 m hohen Bergriesen der Ganges. Aus dem Hochland von Tibet und dem Transhimalaja im Nordosten der Brahmaputra. Sie dringen wie aus einer abgeschlossenen Innenwelt heraus und ergießen sich in das Meer. Aus einer Innenwelt, die das grelle Tageslicht noch gar nicht wahrgenommen hat.

Erde: So wie im Inneren deines Kopfes das mächtig gefaltete Kleinhirn ruht.

Mensch: Aber auch wie eine ausgeschiedene Plazenta, die ihre Lebenskräfte des Vorgeburtlichen an ihr Kind abgegeben hat. Der Himalaja selber, den die Sherpa als "Göttin des Universums" verehren, ist auch aus dem Meer heraus geboren. Noch heute kann man auf den höchsten Gipfeln Überbleibsel von Meerestieren finden.

Erde: Den Himalaja, meine "Schneewohnung", habe ich mit mächtigen Geburtswehen aus dem Meer herausgehoben.

Noch heute habe ich diesen Prozeß nicht abgeschlossen, und der Himalaja wächst 5 cm im Jahr nach oben.

Mensch: So schnell, wie sich in Nordamerika am Andreasgraben die pazifische Platte nach oben bewegt.

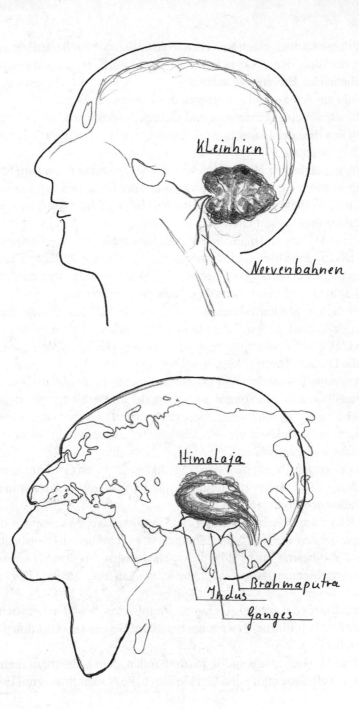

Kleinhirn

Nervenbahnen

Himalaja

Brahmaputra

Indus

Ganges

Es fällt mir schwer, einen äußerlich so gewaltigen Prozeß mit dem höchsten Berg der Welt, dem 8848 m hohen Mount Everest, als ein ganz im Inneren geschehendes Ereignis zu sehen.

Im Inneren Asiens und im Inneren des Kopfes der Welt.

Im Inneren meiner Gedanken und meines Ursprungs.

Doch das Bild der Plazenta wird deutlicher, wenn ich mir die Berge noch genauer anschaue.

Bei dem mächtigen Heraufschieben des Meeresbodens bis zum höchsten Gebirge durch die indische Platte zerbrach der Boden in einzelne Schollen und bildete dieses eigenartige Bruchschollengebirge mit Hochgebirgscharakter und unendlichen Mengen an Schutt, die sich an den Rändern abgelagert haben und manche Gebirgszüge regelrecht unter sich begruben. Die Böden der Täler sind ausgesprochen fruchtbar, da viele Flüße nach innen fließen und in kleinen Seen enden. Dort laden sie ihren mitgeführten Schlamm ab und verdunsten dann zum großen Teil.

An manchen Stellen bilden sich riesengroße Salzsümpfe, die mit ihrer silbrig glitzernden Oberfläche Berühmtheit erlangt haben.

Wie z. B. das Tal von Kaschmir - der "Garten Eden der Welt", wie es der irische Dichter Thomas Moore nannte.

Dort sammelte sich eine 600 m tiefe Sedimentschicht und machte das Tal so fruchtbar. Aus ihm kommt der Safran, der im Herbst aus den Blüten des echten Krokus geerntet wird. In jeder der purpurfarbenen Blüten liegen drei orangerote Griffeläste, die als Gewürz, als Lebensmittelfarbstoff und als Arznei verwendet werden.

In der Homöopathie dienen sie als Medikament gegen Gebärmutterleiden. Größere Dosen führen zu Blutungen und Lähmungen im Kleinhirn und zu Bewußtseinstrübungen.

Das Kleinhirn besteht aus drei Teilen und wird wegen seiner im Inneren baumartig verzweigten Verästelungen von alters her "Lebensbaum" genannt. Es besitzt über seinen Ausläufer, den "Wurm", eine direkte Nervenverbindung zum Gleichgewichtsorgan und zu den Nerven des Hirnstammes.

Dadurch ist es das zentrale Organ zur Regulierung des Gleichgewichts und verantwortlich für die Bewegungen und die Bewegungskoordination des Menschen.

Die Plazenta besteht ebenfalls aus drei Teilen, dem äußeren, mittleren und inneren Teil. Sie entläßt drei Gefäße durch die Nabelschnur zum Embryo.

Die Nacht von Michelangelo (oben)
Himalaja (unten)

So wie der Himalaja drei große Ströme aus seinem Inneren entläßt. Der Ganges z. B. ist wie eine Arterie, die, von der großen Mutter entlassen, all ihre Geheimnisse und Lebenskräfte der Ebene schenkt. Die Inder haben deswegen eine große Liebe und unerschöpfbare Verehrung für ihn.

Doch all diese Geheimnisse des Himalaja sind für uns heute in tiefe Nacht getaucht. In eine Nacht, wie sie uns Michelangelo in seiner Plastik "Die Nacht" zeigt.

Und auch der Schlafmohn zu ihren Füßen zeigt das Problem. Denn der Mohn als Rauschmittel und als Flucht in die Vergangenheit spielt im Himalaja eine große Rolle.

Erde: Und doch trägst du diese ganzen Geheimnisse in deinem Hinterhaupt spazieren.

Du könntest dich nicht bewegen, die Bewegungen nicht koordinieren, hätte sich nicht der Geist deines Kleinhirns in deine Gliedmaßen inkarniert, wie sich der Geist des Himalaja in die sozialen und entwicklungsgeschichtlichen Kräfte der Menschheit inkarniert hat.

Ohne diese Kräfte in deinem Hinterhaupt würden dich die Eindrücke der Außenwelt lähmen und unbeweglich machen.

Diese durch den Himalaja geopferten Kräfte aber sind die herüber-geschleuderten Herzenskräfte der drei nordamerikanischen Seen: Superior, Michigan und Huron.

So wunderbar - o Mensch - spielen die Kräfte meiner Welt zusammen. Herzenskräfte werden zu Geburtskräften durch die Opferung ihres eigenen Lichtes.

Sie werden aus der Außenwelt heraus umgestülpt und erscheinen im Inneren als rein seelische Kräfte der Ruhe, des Gleichgewichtes und der geistigen Freiheit.

Mensch: So tun sie sich in mir kund. Aber sie kommen aus einer Welt, die du schon verloren hast. Von welcher du nur noch ein äußeres Bild zeigst. Aber dieses Bild kann mich auf meine eigenen Wahrheiten führen, in eine Welt, die vor meiner Geburt liegt und wo auch deine noch lebenden Urbilder zu finden sind. Die Urbilder eben, die wir durch unsere gemein-samen Gedanken ein ganz klein wenig in unser Bewußtsein bekommen möchten.

Aus dieser Welt aber stammen die Kräfte, die sich beim Kind im Gehen-, Sprechen-, Denkenlernen äußern.

Nicht wahrnehmbar für äußere Augen, aber mit den größten Wirkungen im sozialen Feld.

Erde: Aber du hast den Ursprung dieser Kräfte vergessen.

Du bewegst dich durch die Welt, du schreitest über mich hin, du sprichst dich aus und denkst nach, aber du hast diese deine Innerlichkeit aus der Wahrnehmung verloren. Du mußt sie wiederfinden.

Du hast dich getrennt von dem Vorgeburtlichen und bist in die Helligkeit des Tageslichtes eingetreten.

So hast du dich meinen reinen Erdenkräften verschrieben.

In den Bereich der Mitte, an den Felsen des Kaukasus, hast du dich gefesselt.

Dort, wo der Adam von Gott geschaffen lag und wo er nun begraben wurde.

Mensch: So wie eine althebräische Legende nach M. J. bin Gorion sagt:

"Der Engel des Herrn geht dann vor euch her
Und zeigt euch den Ort, den ihr gehen sollt,
Ebenso den Ort, wo Adams Leichnam
Niedergesetzt werden soll,
Nämlich den Mittelpunkt der Erde.
Dort hängen vier Enden miteinander zuammen,
Denn als Gott die Erde schuf,
Lief vor ihm seine Kraft her,
Und die Erde lief ihr von vier Seiten aus,
Gleich Winden und Säuseln, nach,
Dort aber blieb seine Kraft stehen und kam
Zur Ruhe.
Dort wird die Erlösung Adams
Und all seiner Kinder vollbracht werden."

O Geist der Erde - der du in der Mitte der Welt, verbunden mit allen Kräften der Welt, zur Erscheinung kommst, wie oft bist du erkannt, verkannt, vergessen und aus dem Vergessen heraus immer mehr und mehr zerstört worden.

O Geist der Erde - wie fällt es mir schwer, dich zu finden. Dabei ist dein einziger Trost der Künstler und der Mensch, der dich wahrhaftig sucht.

Denn hinter deinem Schleier bist du ein Wesen, das empfindet, gestaltet und leidet. Und wenn ich deinen Schleier lüfte, so trittst du mir entgegen

Das Reich der Mitte und das Grab Adams

mit all deinem Ernst und deinen Sorgen um Zukunft und Vergangenheit der Welt und des Menschen.

Ich bin in meiner tiefsten Seele ergriffen, wenn ich dich sehe, wie du, frei in der Mitte schwebend, Asien und Afrika stützt und trägst. Aus all deiner Liebe und deinem Opfer heraus.

Künstler aber haben empfunden, was der Mensch aus diesen deinen Liebeskräften gemacht hat.

Er hat sie in seinen Egoismus aufgenommen und an seinen Intellekt gefesselt.

Der große Künstler Michelangelo hat auch diese Tatsache in einer Plastik festgehalten. Er hat der "Nacht" unter dem Monde den "Tag" unter der Sonne gegenübergestellt.

Diese Plastik "Der Tag", der sein Bewußtsein aus dem hellen Sonnenlicht nimmt und der der Natur die harte Außenseite zeigt, dieser "Tag" ist mit seinem "Ich" an den Kaukasus gefesselt. Wie Prometheus, der dem Sonnenwagen das Feuer raubte.

Deutlich bildet er die Bewegung des Gleichgewichtsorganes nach und trägt die Falte des Kaukasus an seiner Nasenwurzel. Das ist der Punkt, von dem aus das rein irdische Ich-Bewußtsein seinen Anfang nahm.

Sein rechter Arm ist ganz nach innen genommen und umschließt die Flüsse Euphrat und Tigris.

Sein linker Arm ist schmerzhaft nach hinten und außen gebogen und bildet den Jordan ab.

Erde: Euphrat und Tigris sind die in meine Wesenheit hereingenommenen Kräfte der Flüße Ganges und Brahmaputra.

Im Jordan aber trage ich die Wunde, die tiefste Wunde der Welt.

Mensch: Die Wunde des Prometheus, an der ein Adler frißt?

Erde: Die tiefste, schauervollste Wunde, die ich um deinetwillen tragen muß. Tragen mußte - denn in seiner unendlichen Liebe hat Christus diese Wunde auf sich genommen und damit den alten Adam erlöst.

Mensch: Und mir die Aufgabe hinterlassen durch seine Tat, die Wahrheit zu finden.

Erde: Diese Wahrheit findest du nur, wenn du jetzt nach dem Westen schaust. Denn von dort kommen die Kräfte, die mir die Wunde schlagen.

Die ganze Innerlichkeit des Ostens stülpt sich nach außen und kommt vom Westen her wieder auf mich zurück.

Türkei, Iran, Kaukasus und die arabische Halbinsel (oben)
Der Tag von Michelangelo (unten)

Mensch: Und durch diesen Druck vom Westen her wurde der Jordangraben gefaltet, wurde dir die Wunde in den Leib geschlagen.

Entgegen dem höchsten Punkt der Erde im Himalaja, von wo aus das Leben kam, wurde hier der tiefste Punkt geschaffen, wo der Tod zu Hause ist.

Und vom Westen her kam die Lanze des römischen Soldaten, der Christus die Wunde stach, aus welcher Blut und Wasser flossen.

Einen dreifachen Tod erlebe ich, wenn ich den Jordangraben durchwandere und bis zum Toten Meer vordringe.

Es empfängt mich eine Landschaft, die durch den Charakter ihres allseitigen Todes tief erschüttert und das Blut erstarren läßt.

Am tiefsten Punkt der Welt, etwa 400 m unter dem Meeresspiegel, sind nur noch eine grenzenlose Verlassenheit und der Tod zu finden.

Kein Vogel ist zu hören, kein Leben regt sich mehr, selbst die Luft steht still, und unter meinen Schritten zerreiben sich quadratische Salzkristalle.

Das Wasser des Sees ist wie gelähmt und so schwer, daß es kaum eine Regung zeigt. Es besitzt einen zehnmal höheren Salzgehalt als andere Meere.

Dieses Wasser stirbt. Wie die Erde in Form des Salzes.

Und selbst das Licht stirbt in diesem See. Denn es gibt dort Mikroorganismen, die in ihrem purpurfarbenen Pigment das Sonnenlicht aufnehmen, ähnlich wie das Blut.

Das ist der dreifache Tod von Erde, Leben und Licht.

Jedoch das Christus-Wesen, das diese Tode einmal auf sich genommen hat, das kann ich nicht finden.

Und tatsächlich tönt es mir von überall entgegen:

"Der, den du suchst, der ist nicht mehr hier."

So fühle ich, daß ich ihn dort suchen muß, wo ich selber bin, im "Ich bin".

"Ich bin" das Salz der Erde, das Brot des Lebens und das Licht der Welt.

Mit meinen Todeskräften hat er sich verbunden. An dem Ort, wo das Licht bis in den Stoff hineindringt und diesen vergeistigt. Anders als am Himalaja, wo der Stoff ausgeschieden wurde und der Geist die Inkarnation begann.

Erde: Wenn du im Hinblick auf mich Christus in dir findest, nehme ich teil an der Zukunft.

Vom Osten kamen die Kräfte des Vorgeburtlichen und schenkten mir die Geburt des Kindes. Dann nahm dieses Kind Sonne und Tod in sich auf, legte seinen Körper ins Grab und vollzog die Auferstehung im Geiste.

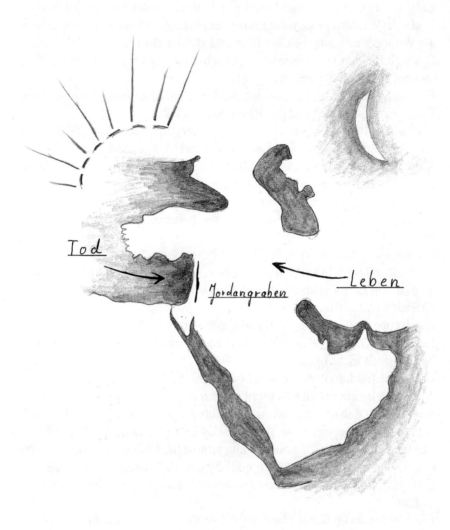

50

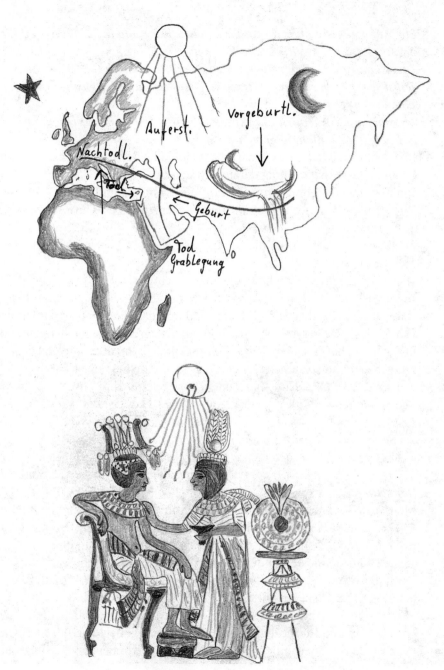

Aus dem Thronsessel des Tutanchamun

Die Auferstehung aber führte ins Nachtodliche hinein, und das sind die Kräfte des Westens, die Kräfte Europas.

Das ist das große, tiefgreifende Geheimnis - o Mensch -, daß die Zukunft selbst schon in der Gegenwart wirkt. Der Geist des Westens bewirkte den Tod, um zu leben.

Wie aber das Vorgeburtliche vergessen worden ist, so ist das Nachtodliche in Europa noch nicht begriffen worden.

Mensch: Und doch hat es den Tod auf Golgatha bewirkt, und es sind ihm Schuld und Verantwortung daraus erwachsen.

Ein Geben und Nehmen von Ost und West, ein Hin und Her.

Wie es ja auch zu sehen ist auf der Rückenlehne des Thronsessels des Tutanchamun.

Die Mutter - Asien - trägt die Schale des Lebens. Gleichzeitig blickt und greift sie nach dem Westen.

Dieser schaut ihr mit nacktem Oberkörper entgegen.

In ihm hat sich die Innenwelt nach außen gekehrt.

Aber gleichzeitig hat er sich entlastet durch das Sitzen auf dem Thron. Durch diese Ruhe in der Materie und durch sein Sich-Aufstellen auf den Fußschemel hat er seinen Geist entlastet und läßt ihn über seinem Haupte schweben. Er stützt seinen rechten Arm auf die Lehne seines Thrones und weist mit der linken Hand nach unten zur Materie, zum Tod.

Die Sonne in der Mitte verbindet Geburt und Tod, Ost und West.

Erde: In mir kehrt Afrika die Kräfte Asiens nach außen und hebt sie über die Sonne hinaus; stellt sie unter die Kräfte des Jupiter, des Zeus. Durch dieses Opfer wird Europa befreit und durch den Auftrieb des Mittelmeeres nach oben gehoben. Dort kann es seinen Geist aus der Materie lösen und frei entfalten.

Mensch: Wie es uns die griechische Sage vom Traum der Europa berichtet: "Asien, so hatte der wunderschönen Europa geträumt, Asien, der mächtige Erdteil, stand vor ihr in der Gestalt einer schönen Frau und breitete die Arme über sie, um sie vor dem Griff einer Fremden zu schützen.

Doch diese andere, ebenfalls ein Erdteil in Traumgestalt (Afrika), drang heftig auf Frau Asia ein, ihr den zarten Schützling zu entreißen.

«Laß mir mein Kind!» rief Asia bittend: «Denn ich bin es doch, die es zur Welt gebracht und aufgezogen hat! Laß mir meine geliebte Tochter!» Doch die Fremde war unerbittlich. Sie entriß der Widerstrebenden die Jungfrau und führte sie davon.

«Sei unbesorgt, du Schöne», sagte die Fremde zu Europa und hieß sie ihre Tränen trocknen, «denn einer herrlichen Zukunft trage ich dich entgegen! Dem Weltenbeherrscher selber, so ist es vom Geschicke bestimmt, sollst du zu eigen sein!»"

Erde: Der Weltenbeherrscher war Zeus, der sie nach dem Westen entführte, der untergehenden Sonne entgegen.

Auf der Insel Kreta wurde er ihr Gemahl.

Mensch: Auf dieser Insel hatte Zeus sich selber einst vor Kronos versteckt. Und an Stelle seines Sohnes - Zeus - mußte Kronos einen Stein fressen. So steinig sind auch deine Inseln im Westen - o Erde.

Erde: Daraus entstand ein mächtiger Kampf, der zwischen Kronos und Zeus, zwischen der Türkei und Griechenland stattfand. Die zerschlagenen Inseln über Kreta zwischen Griechenland und der Türkei zeugen von diesem Kampf der Götter.

Zeus siegte und zog mit seinen Göttergeschwistern nach Westen.

Alles Land im Westen - o Mensch - mußt du anders betrachten als das Land im Osten.

Es ist ein Ein- und Ausatmen zwischen Ost und West.

Dabei wird das Land im Westen von außen gebildet und das Land im Osten von innen geformt.

So mußt du es sehen und bei jedem Schritt empfinden.

Doch in der Mitte - o Mensch - wächst du aus mir heraus als gesammeltes Bild der vier Richtungen, als Gedanke von Geburt und Tod, Seele und Geist, Ost und West, Oben und Unten und als Hoffnung für das "Ich bin".

Mensch: So steht das "Ich bin" zwischen der geistigen Realität im Osten und dem übersinnlichen Bild dieser Realität im Westen.

Verfolge ich den Gang des "Ich" nach Osten, so komme ich zur gebärenden weiblichen Gottheit.

Verfolge ich den Gang des "Ich" nach dem Westen, so komme ich zum Göttervater - Zeus.

Aus dem harten Körper des Mannes spricht die Erde und über ihm der Geist, und aus dem weichen, schmiegsamen Körper der Frau der Geist und in ihr kosmische Kraft.

Auf dem Weg nach dem Westen aber erwartet mich ein schreckliches Schicksal. Auf der Insel Kreta, auf die Zeus als verwandelter Stier die schöne Europa entführte, muß ich mich durch eine enge Pforte hindurch in

Der Raub Europas und seine Aussonderung in das äußere Licht
unter der Herrschaft des Zeus (Jupiter)

54

das Labyrinth des Minotaurus zwängen. Dieser Minotaurus, halb Mensch ,halb Stier, droht mich zu verschlingen.

Aber ich bewege mich weiter und tauche unter Europa durch. Europa legt sich um mich herum wie eine Schale und verschließt mich hart und stumm. Nach und nach schwindet mir das Bewußtsein, und ein anderes tritt an seine Stelle. Es kommt von außen und dringt in mich ein. Es bildet meine Sinne aus und nimmt nach und nach mein ganzes Seelenleben in Besitz.

So lerne ich das Licht der äußeren Offenbarung kennen und schätzen. Jedoch die innere Offenbarung schwindet, und ich fühle ganz schrecklich den Tod im eigenen Körper. Im Gehirnlabyrinth des Minotaurus.

Was im Osten in der Mondenschale des Himalaja geistig getragen ruhte, was durch Indien gestützt, durch Nordasien geopfert wurde, das wendet sich im Westen nach außen und zerfällt im Bilde, um von einer anderen Seite her seine Offenbarung zu bekommen.

Vom Geist, der über das Wasser in das Land eindringt.

Erde: Jetzt hast du in Realität erlebt, was ich im Westen für dich bin und was du doch schon lange vergessen hast.

Die drei inneren Kräfte Asiens, also Indien, der Himalaja und Nordasien, - oder Wollen, Fühlen und Denken, wie sie durch die Opferung in den Menschen einströmen - diese drei Kräfte zerlege ich in Afrika, Europa und Skandinavien.

Im mächtigen Block von Afrika sammele ich die Kräfte des Willens und der Bewegungen. Der Geist der Außenwelt wird vollständig von dem Geist der Schwere aufgesogen und deckt sich mit diesem. Nur ein Rest des äußeren Geistes bleibt und schließt sich im Inneren ab.

Dieser Rest offenbart sich dir im Victoria-See, im Tanganyika-See und im Malawi-See.

Denn es gibt nichts in der Welt - o Mensch -, das nicht Ausdruck eines hinter ihm stehenden Geistigen ist.

So bin ich Ausdruck der physischen Kräfte, an denen du dein Ich entwickelst, und so ist das Wasser Ausdruck der Lebenskräfte, an denen du deine Seele weckst.

Das Zusammenwirken von Wasser und Land im Westen spiegelt das innere Verhältnis deiner Geist- und Seelenkräfte.

Oberhalb von Afrika liegt Europa, das mit dem Mittelmeer zusammen ein vollkommenes Gleichgewicht deiner fühlenden Seele zeigt. Der Geist der äußeren Offenbarung, der sich über die Wasserarme in das Land hinein-

schiebt, bildet mit den Ausstülpungen des Ostens, die ihm als Europa entgegenkommen, einen harmonischen Gleichklang.

Das Wasser in Form des Mittelmeeres trägt das Land nach oben und befreit es um mindestens die Hälfte seines Gewichtes.

Und so sieht es in deiner atmenden Seele aus - o Mensch.

Das Opfer des Todes wird im wahrsten Sinne des Wortes nur halb so schwer durch das Wasser in mir und die Luft des Atmens in dir.

Aber deine Seele wird dadurch befreit, um sich Offenbarungen entgegenzu-strecken, die ganz anderer Natur sind. Diese Offenbarungen pressen das Körperliche zusammen und bilden Sinnesorgane hinein, die sie dann zur Wahrnehmung des eigenen Wesens gebrauchen. Denn das Wesen, das sich selber wahrnehmen will durch seine Offenbarungen, ist der Geist der Welt selber. Und dafür schiebt sich Europa vor bis in die Inselbildung hinein, bis nach England.

Skandinavien wird von der Ostsee nur noch wie ein Rucksack getragen. Dieses Verhältnis weist in die Zukunft und bildet das reine Denken ab.

In dir findest du diesen Ort in der Stirn und der Stirnhöhle. Europa in der Nase und Afrika im Kinn- und Kieferbereich.

Mensch: O Erde! Wie bist du schön.

Wie konnte ich dieses harmonische Zusammenklingen deiner Kräfte übersehen. Und wie liebe ich jetzt die Weisheit in deinen Offenbarungen. Das Land, das sich in der Mitte nach Westen streckt, ragt mit seiner äußersten Spitze bis nach England vor, wobei es sich an seinem Ende unter der Einwirkung der äußeren Kräfte noch einmal spaltet. In Spanien neigt es sich Afrika zu, und in England nähert es sich der skandinavischen Halbinsel.

So sind die würdigsten Vertreter der äußeren Offenbarungen nach ihren verschiedenen Richtungen: England, Spanien und in der Mitte Frankreich. Das aber, was nicht in das äußere Bewußtsein aufgenommen wurde, was reine Göttliche Offenbarung blieb, das schiebt sich in Form des Meeres nach dem Osten vor bis zu seinem weitesten Ausläufer, dem Kaspischen Meer. Dort inspiriert es den Osten auf Göttliche Art. Afrika schließt sich nach unten hin ab und bildet einen sicheren Schwerepol. In seiner wunderschönen Form vereinigt es alle Kräfte des Lichtes und des Raumes in sich. Seine Wüsten, die größten der Welt, leuchten in der Sonne wie pures Gold. Und doch lebt dort die sich in sich selbst fesselnde Wesenheit - Ahriman, wie ich sie vorher schon fand und wie ich sie jetzt erneut fühle. Diese

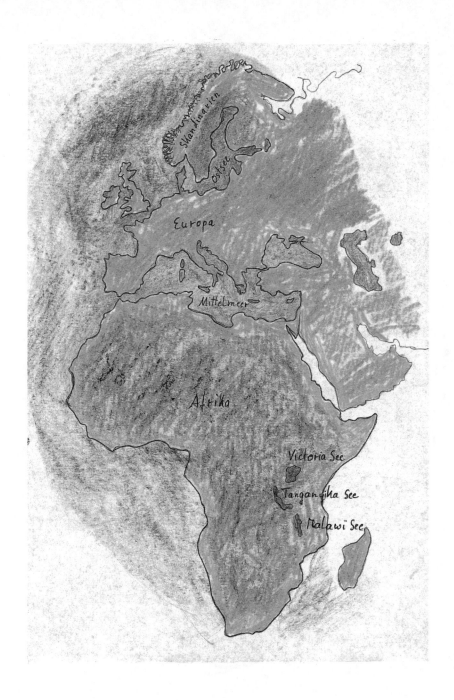

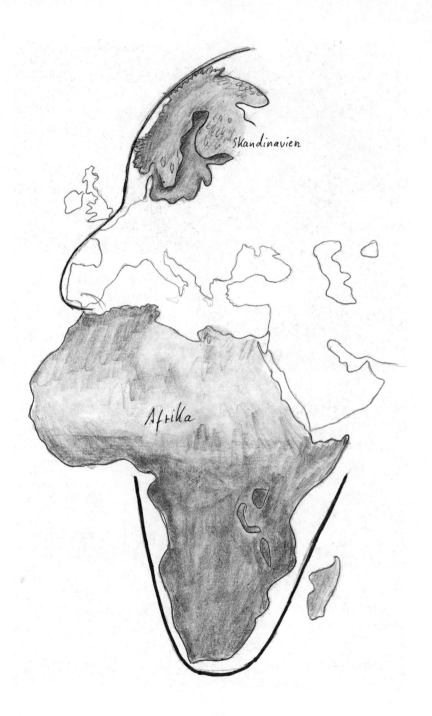

Wesenheit kann in schrecklichen Sandstürmen die Sonne vollkommen verdunkeln und mit ihren Spiegelungen über den Weiten des Landes den Verstand verwirren. Aber das Gold der Sonne hält diese Wesenheit doch in ihren Schranken. Jedoch die Pflanzen sprechen eine deutliche Sprache, sie sind zum großen Teil verdorrt und klammern sich mit ihren Dornen an die Erde.

Der charakteristischste Baum für dieses Land ist der Affenbrotbaum. Ihn hat, so sagen die Eingeborenen, der Teufel verkehrt herum in die Erde gesetzt. So daß die Zweige im Boden verschwanden und die Wurzeln nach oben kamen. Dort werden sie von Fledermäusen bestäubt.

Es gibt viele dunkle Regionen in Afrika, wie z. B. das Kongobecken. Aber es gibt auch viel, viel Licht.

Ein so starkes Licht, daß es die Augen schmerzt und die umliegende Natur wie aus der Luft herausgeschnitten erscheinen läßt.

Das ist vor allem in Ägypten der Fall, im Land der Pyramiden. Hier stieg der Geist des Westens in die Sichtbarkeit des Raumes herab und wurde festgehalten, wie es dem Charakter des Landes entspricht. Bis zur Kultur der Mumien wurde dieses Prinzip verfolgt.

Erde: Dich schützt der Osten vor der Mumifizierung, die dir die westlichen Kräfte alleine geben würden.

Mensch: Aber der Geist der räumlichen Offenbarung erzeugt auch die harten, ja härtesten Kräfte im Bereich der Erde in Form der reinen und schönsten Steine, der Edelsteine.

Im Lande Afrikas tut er es bis zu den härtesten Steinen der Welt, den Diamanten, und hat dort auch die größten Fundstellen.

Diese Steine zeigen mir, wie in der Zukunft die Härte und Schwere der Materie geläutert werden können.

Erde: Schau dir die Erdteile an, die sich nach dem Süden neigen. Sie tragen alle einen kleinen Doppelgänger oder Begleiter an ihrer Seite.

Südamerika hat die Falkland Inseln, Afrika hat Madagaskar, Indien hat Sri Lanka und Australien hat Tasmanien. Und auch die Mittelmeerinseln unterliegen diesen Kräften der Absonderung in die Schwere. Diese Kräfte sind es, die durchlichtet werden müssen.

Auch Grönland hat seinen kleinen Begleiter in Island.

Hier liegen die Kräfte aber oberhalb der Sonnenlinie und sind von daher anders zu beurteilen.

Anders eben als die Inseln unterhalb der Sonnenlinie.

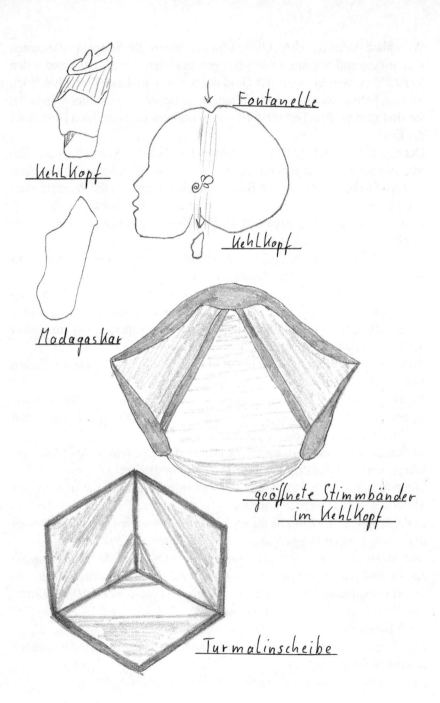

Kehlkopf

Fontanelle

Kehlkopf

Madagaskar

geöffnete Stimmbänder
im Kehlkopf

Turmalinscheibe

Mensch: Aber im Grunde genommen treffen sich Südamerika und Indien in Afrika wieder. Südamerika von außen kommend und Indien von innen.

Erde: Das sind auch die Kräfte des Raumes und der Sonne, die, von Südamerika kommend, Afrika konsolidieren. Und vom Osten her schließen sich die geistigen Mondenkräfte mit ein.

Diese Verbindung aber kommt eben in Madagaskar am schönsten zum Ausdruck. Und dort findest du den Turmalin, einen meiner interessantesten Edelsteine.

Er trägt alle Farben und alle Stoffe der Welt in den verschiedensten Mischungen. Immer aber trägt er das Dreieck im Inneren und das Sechseck im Äußeren.

Und in Madagaskar sind es eben die schönsten Turmaline der Welt, denn sie haben deutlich das Dreieck im Inneren.

In anderen Teilen der Welt sind sie einfach nur wunderschön farbig, und in Norwegen sind sie nur noch schwarz. Dort lebt aber das Licht und die Farbe im Äußeren und dringt von oben in die Welt ein. Zwischen Vorgeburtlichem und Nachtodlichem, zwischen Ost und West.

Wie durch die noch geöffnete Fontanelle beim zweijährigen Kind. Von dort dringt es gerade herunter über das Gleichgewichtsorgan zum Kehlkopf.

Mensch: An der Stelle, wo in dir Madagaskar liegt, muß ich in mir den Kehlkopf suchen. Und auch hier zeigt sich in den Bewegungen der Stimmbänder die Dreiecksform. Wie auch in der ganzen Form der dreiteilige Bau zum Ausdruck kommt. Der dreiteilige Bau, der auch Madagaskar in drei deutlich unterschiedene Regionen teilt.

Der Farb- und Formenreichtum des Turmalins äußert sich in mir in dem Farb- und Formenreichtum der Sprache.

Auch die Inkarnation aus dem Vorgeburtlichen unter den Kräften des Mondes und des Ostens, im Sinne von Gehen, Sprechen und Denken, kommt in der Dreiteilung des Turmalins zum Ausdruck. Also in den drei inneren Strahlen, die sich dem Sonnendreieck verbinden.

So verbindet er die Kräfte der Vergangenheit und der Schwere, zu welchen auch gehört, daß er sich magnetisieren läßt, mit den Kräften der Zukunft und des Lichtes, durch seine wunderschönen Farben und sein gradliniges, sechseckiges Streben.

Diese Kräfte verbinden sich mit meinen Kräften des aufrechten Gehens, Sprechens und Denkens, wenn ich diesen Stein in oder an mein Herz nehme. Sie tragen die Geheimnisse der Sonne in den Stoffwechsel hinein.

Erde: So nahe sind wir doch verwandt - o Mensch.

Mensch: Wenn ich jetzt aber den Blick aus der Schwere der Erde und der Stimme nach oben zur Leichtigkeit der Gedanken wende, komme ich, immer leichter und leichter werdend, nach Skandinavien.

Wunderbar ist hier der Gegensatz zu Afrika zu erleben.

Das Meer stellt sich auf und bekommt in der Ostsee fast die Gestalt einer aufrechten Frau.

In Skandinavien ist die Ostsee als reales, vom Westen her eindringendes geistiges Wesen vorherrschend.

In ihre Kräfte wird alles aufgenommen, was in ihrer Nähe liegt. Sogar das Land selber wird nach oben gehoben und wie das Fell eines Löwen über der Schulter getragen.

Eine Aura von Seen und Flüssen umhüllt die Ostsee.

So bildet sich ein wasserreiches Tiefland bis zum Gebirgskamm der "Skanden", ein nach dem Westen aufgerichteter Gebirgswall.

Dieser Gebirgswall ist anders als andere Gebirge.

Im Nordwesten von unzähligen Fjorden tief eingeschnitten, reicht er bis weit nach Südwesten herunter.

An ihm prallen Licht und Wetter des Westens ab, und auch das Leben der Menschen orientiert sich nach dem Westen in die tief eingeschnittenen Fjorde und aufs Meer hinaus. Es ist, als lebten diese Menschen zwischen den Haaren des Weltenkopfes und begegneten dort dem kosmischen Licht. Wie es ja im Nordlicht auch der Fall ist.

Auf der anderen Seite des Gebirges, nach der Ostsee hin, bestimmen auch das Wasser und die Wälder das Leben.

Es ist schon ein enormer Gegensatz zu Afrika - o Erde.

Aber nur durch das Erleben von Gegensätzen kann ich meine Seele für das Verständnis deiner Wesenheit schulen. Wenn ich immer wieder herunterschaue in das Erlebnis der Schwere und meine Gefühle mit ihr verbinde und dann den Blick heraufwandern lasse ins licht- und schwerelose Land, dann fühle ich mich nach und nach eins mit deinen Gefühlen, die sich in Form und Ausdruck der Länder offenbaren.

Deine Gefühle - o Erde - gestalten das Land.

Sie gestalten es auch in der Mitte, in Europa.

Dort, wo sich Ost und West atmend treffen und wo sich Nord und Süd ausgleichen in der Verteilung von Land und Wasser.

Innen und Außen entstehen durch Ost und West.

Erde: Wie du es schon gefunden hast und wie du es in deinem eigenen Inneren nachvollziehen kannst.

In deinem Hinterhaupt ruht die Erinnerung an den Geist, aus dem heraus du geboren bist. Mit deinen Sinnesorganen aber ragst du nach vorne in die Umwelt hinaus.

Aber du nimmst den Ursprung der Sinnesorgane nicht mehr wahr. Und doch sind sie aus der Substanz deines Gehirnes und auch des Hinterhauptes heraus gebildet. Statt dessen aber schaust du durch sie hindurch, und der Geist der äußeren Welt dringt durch sie ein.

Er dringt von außen in dich ein und gibt dir ein neues, auf die Außenwelt bezogenes Bewußtsein.

So graben sich die Sinnesorgane von außen her in deinen Körper ein. Du nimmst wahr mit ihnen, aber du hast ihren Ursprung vergessen. Aus dem Tode deines Körpers heraus entstehen die Sinnesorgane, und du nimmst durch sie eine Welt außerhalb deiner Selbst wahr.

Somit lebst du schon im Nachtodlichen, denn du lebst eine Auferstehung des Geistes vor. Die Materie wird durchscheinend wie beim Auge und verleugnet sich selbst, um im Äußeren fremdes Licht und fremden Geist wahrzunehmen.

Aber damit - o Mensch - hast du jeden Bezug zu deinem Ursprung und deiner Innenwelt verloren. Deine Gedanken sterben wie deine Sinnesorgane, und du konstruierst dir eine phantastische Welt aus unwahrnehmbaren Atomen und aus einer Urknall-Theorie.

O wie mich das schmerzt, wie mich das schmerzt.

Das ist meine Wunde - o Mensch -, an der dein Geist als immer wiederkehrender Adler frißt.

Mensch: Du zeigst mir deine Leiden - o Erde -, und mich stimmt es traurig, weil ich der Grund deiner Leiden bin.

Es ist nicht wahr, daß wir dich brauchen, aber du uns nicht, sondern wahr ist, daß wir beide uns brauchen, du mich ebenso stark wie ich dich. Denn meine Seele erblüht erst, wenn ich dir gegenübertrete. Und erst wenn du dich im Menschen schauen kannst, lebst du und bist glücklich über dein erreichtes Ziel.

Aber du bist mir so fremd geworden im Westen, und ich frage mich, wie ich dich mit den Gedanken des Nachtodlichen dort finden kann.

Erde: Du findest mich so lange nicht, wie du mit deinen Gedanken des Nachtodlichen doch nur an meinem Leichnam hängenbleibst.

Wenn du die Auferstehung nicht vollziehst, schaffst du immer ein Phantom des Unternatürlichen.

Deine Gedanken sind Todesprodukte, und anstatt mich zu erlösen, erzeugst du einen Leichnam, den du dann deine Umwelt nennst.

Mensch: So stehe ich also eingerahmt von zwei mächtigen Welten, in denen ich mich selber finden könnte, es aber nicht vermag, da ich mir die undurchdringlichen Grenzen selber schaffe. Das Reich des Vorgeburtlichen verschließt mir die dunkle Nacht der eigenen Scham. Das Reich des Nachtodlichen meine Furcht, geliebte Grenzen zu verlieren.

Erde: Die beiden Grenzen in dir zeigen sich auch in mir.

Die Grenze nach innen siehst du im Ural. Die Grenze nach außen in Höhe des Golfstromes.

Mensch: Der Golfstrom, ja, er ist ein großes Rätsel. Wie pulsierendes Blut erscheint er und bewegt sich wie ein in sich freies und selbständiges Wesen. Denn er führt das Wasser aus dem Golf von Mexiko nicht bis in den Norden herauf, sondern er zieht in seinen 50 km Breite immer neue Wassermassen an sich heran und gibt sie wieder ab. Also ein ständiger Austausch des Wassers. Das kann nur eine Wesenheit vollbringen, die, in sich stabil, fremde Wassermassen ein- und ausatmen kann.

Dabei schlängelt sich dieser Strom mit einer viel höheren Geschwindigkeit als seine umliegenden Gewässer nach Norden und beeinflußt Europas Klima aufs tiefste.

Da er nämlich wärmer ist als die arktischen Ströme aus dem Norden, hält er diese fern und die europäischen Häfen eisfrei. So schützt er Europa vor dem kalten Atem Grönlands.

Auf drei Ebenen bewegen sich die Ströme der Meere.

Die tiefste Schicht kommt aus der Antarktis und führt das schwerste, salzhaltigste und kälteste Wasser bis herauf nach Spanien. Eine mittlere Schicht tauscht nur die Höhe, aber nicht das Wasser aus, da sie an den Polen näher an der Oberfläche liegt als am Äquator.

Die oberste Schicht wird von den Winden bewegt und schließt wie eine Haut die Oberfläche einheitlich ab.

Bis auf die Sargasso-See, die etwas 1½ m höher als der übrige Meeresspiegel liegt.

Erde: Wie du gesehen hattest, ist dort im Bauchraum der Gegenpol zu Palästina mit dem tiefsten Punkt der Erde zu finden.

Mensch: Der Golfstrom aber läuft wie eine Blutader unter der Meereshaut entlang und gibt seine Wärme nach außen ab.

Er trennt Europa vom ganzen nordamerikanischen Kontinent. Vor allem Grönland bleibt außen vor, wie der Mond außerhalb der erwärmten Atmosphäre.

So schützt uns der Golfstrom vor der völligen Erstarrung des Todes. Gleichzeitig aber verschließt er uns den Blick nach außen.

So eben, wie wir aus unserem Kopf durch die Sinnesorgane herausschauen und unseren Körper nur von außen wahrnehmen. Und wie wir die Weite und Schönheit Amerikas nur von außen sehen.

Was wir, wie unseren Körper, nur von außen sehen, können wir aber innerlich empfinden, wenn es von der anderen Richtung kommt. Den wahren Blick dorthin aber verschließt uns das Uralgebirge in dir und die Grenze zum Unbewußten in uns. Nur die Spiegelungen der inneren Welt empfinden wir in unserer Seele als Hunger, Wohlgefühl usw.

Erde: Eben deine Lebenskräfte, die dich ins Leben hineingeführt haben.

Aber ohne die Grenzen nach innen und nach außen könntest du dich nicht als freies Ich empfinden.

Die Außenwelt würde dich im Ich fesseln und lähmen, und die Innenwelt würde dich zerstören und auflösen.

Nur zwischen diesen beiden Grenzen kannst du dich frei fühlen.

An der Grenze nach innen, also in mir am Ural, bildet sich dein Gedächtnis. An der Grenze nach außen, also in mir vor Amerika, bildet sich der Sinnenteppich der äußeren Welt. Die Kontinuität deines Gedächtnisses läßt dich erst als freie Persönlichkeit erscheinen.

Und die Sichtbarkeit der äußeren Welt gibt dir die Sicherheit deiner selbst.

Mensch: Was muß ich also tun, um diese Schranken zu durchbrechen, und was finde ich hinter ihnen?

Erde: Durch deine Liebe zu mir hast du schon manches gefunden, und die Liebe ist es auch, die du als Führer haben mußt. Denn nur sie kann dich schützen vor dem, was du hinter den Grenzen findest, und das ist nicht immer schön, doch nur sie kann dir auch die Augen für die Schönheiten öffnen.

Mensch: Ich habe gefunden, daß sich Nordamerika selber gestürzt und in Asien geopfert hat. Und ich habe gefunden, daß Grönland heruntergeschleudert als Australien wieder in Erscheinung trat.

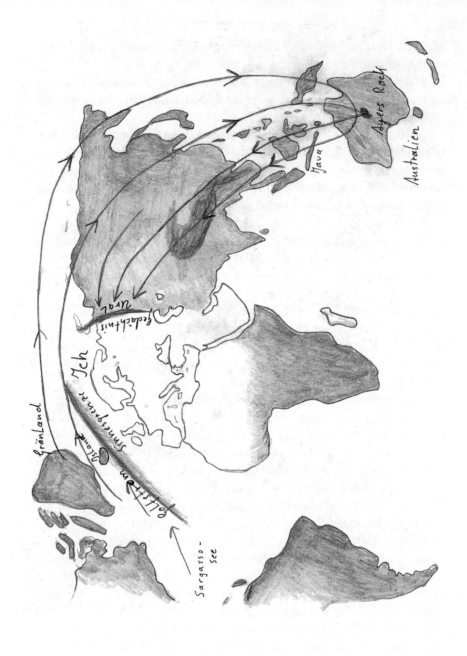

Ich und Welt zwischen Außen und Innen,
zwischen Gedächtnis und Verstand

Erde: Ja, Tantalos war es, der das Schulterblatt seines Sohnes verspielte und an Demeter verloren hatte.

Aber dafür, so sagt es die Sage weiter, wurde er in die Unterwelt verbannt.

Dort mußte er, mitten im Wasser stehend, den furchtbarsten Durst leiden und die fruchtbeladenen Bäume, die sich über ihn neigten, wurden vom Wind hinweggeblasen, sobald er nach ihnen griff.

Und als drittes Leiden hing ein riesiger Fels über ihm und drohte ihn zu erschlagen.

Siehst du - o Mensch -, diese Leiden des Tantalos findest du in Australien. Es ist heruntergeschleudert worden unter die Linie des Äquators und leidet, mitten im Wasser stehend, die schrecklichste Hitze und Durst. Der Wind fegt die Früchte aus dem Landesinneren hinweg, und der drohend über ihm hängende Stein ist das Massiv des Himalaja.

Das ist aber auch ein Bereich in dir selber, den du nicht gerne kennenlernst. Und doch übt dieser Bereich die größten Wirkungen aus und strahlt herauf bis an den Ural.

Australien liegt wie eine heiße, trockene Schüssel auf der südlichen Halbkugel und hat die umgekehrten Jahreszeiten wie Europa. In seinem "toten Herzen" hat es weniger als 100 mm Niederschläge im Jahr.

Wenn es nördlich des Äquators Winter ist und die Arme Grönlands und des Nordpols nach dem Süden greifen, dann verbrennt Australien in der Glut der Sonne.

Diese Glut fegt alles Leben hinweg und strahlt aus der Wüste Australiens heraus bis an die Küsten des Landes.

Nur dort, am schmalen Küstenstreifen, gibt es noch üppiges Leben und zeigt sich die leuchtende Schönheit Luzifers.

Im Innern aber erkennst du deutlich den gestürzten Geist, den ausgehöhlten, verbrannten, verdammten.

Der größte Monolith der Welt, Ayers Rock oder Uluru, wie ihn die Eingeborenen nennen, ist ein sichtbar gewordener Teil des gestürzten Engels.

"Das Gehirn und der Wohnsitz der Weltenschlange", so nennen die Eingeborenen Australiens, die Aborigines, den im Umfang 9 km großen und 340 m hohen Felsen, der sich selber häutet in sich abschuppenden Gesteinsschichten wie eine Schlange und seit Urzeiten als ein zerschlagener Tempel der Götter verehrt wurde.

Jede Spalte und jede Höhle ist den Aborigines heilig und erinnert sie an außerirdische und tote Wesenheiten.

Das Farbenspiel des Felsens ist außergewöhnlich und unheimlich. Bei aufgehender und untergehender Sonne wechselt er laufend die Farbe. So kann er über Gelb zum Rosa und zum feurigsten Rot gelangen.

Im Inneren gibt es eine Schlucht, die tief in den Felsen hineinragt und in der ein besonderes Heiligtum liegt: Dort ist die Wohnung der gestürzten Weltenschlange, an einer Quelle, die mitten aus dem roten Felsen entspringt. So sagen die Aborigines und achten darauf, daß diese Quelle niemals versiegt.

Mensch: Jetzt finde ich diesen Ort auch in mir, und es erschreckt mich. Es ist der Ort, an dem ich Schuld und Leid der Inkarnation erlebe.

Es ist der Bereich, in dem Wagners "Kundry" lebt.

Wo sie sich unter der Qual der Liebe, "zu neuem Leiden neu gestählt, endlos durch das Dasein quält".

Wie mich der Himalaja ins Leben führte, unschuldig wie ein Kind, und mir die Kräfte der Inkarnation im Gehen, Sprechen und Denken schenkte, so sehe ich, wie ich mit meiner Individualisierung zu tief stürzte und den Sturz Luzifers mitvollzog.

In der Pubertät wird mir dieses Geschehen deutlich; und wie in Australien für die weiblichen Kräfte, so in dem verhärteten und herabgesunkenen Bereich von Madagaskar für die männlichen Kräfte. Erlebbar in dem Herunterfallen des Kehlkopfes und der Stimme.

So ist der Geist des Nordens, des Lichtes und der Kälte heruntergefallen in die Materie und liegt gestürzt im Ayers Rock und in Australien. Und in Madagaskar fesselt die Erde das Licht der Sonne.

Für dich - o Erde - ist das aber nicht moralisch zu sehen, sondern nur als ein sich offenbarendes Bild.

In mir leben sich diese Kräfte moralisch aus. Doch ich bin eine lebendige Zusammenfassung aller deiner Kontinente und Kräfte. In mir kommt alles gleichzeitig zum Ausdruck, egal wo ich mich auch befinde.

Somit bin ich auch das Ideal deiner Zukunft im "Ich bin".

Soweit ich mich selber zu diesem Ideal entwickele.

Auf dem Weg des Sturzes von Grönland nach Australien sind viele Bereiche mit gefallen. So z. B. der Schwefel, der in meinem Stoffwechsel kocht und auf Java von mutigen Männern aus der "Gelben Hölle" gewonnen wird.

Giftiger Dampf und brodelnde Hitze empfängt die Schwefelabbauer, wenn sie sich in den Krater des 2386 m hohen Vulkans "Kawah Ijen" wagen. Denn ein Wagnis ist es schon, sich den Dämpfen und dem Schwefel, der Hitze und dem Feuer auszusetzen, das direkt aus der Hölle kommt. Aber diese unterirdischen Kräfte sind es eben, die Erde und Mensch aus dem Inneren durchbrodeln.

Wie danke ich der Grenze in mir, und wie danke ich der Grenze des Ural. Denn so nur bin ich frei, die Strahlen der Sonne von außen zu empfangen. Diese dringen durch die Sinnestore ein und gestalten meinen Geist.

Erde: Aber der Sturz Luzifers in Australien hat sich auch ausgewirkt auf deine Sinne.

Mensch: So sind sie nicht mehr unschuldig und bilden an der Grenze zur Außenwelt einen anderen Quell des Leidens.

Den "Vorhof zur Hölle" nannten die Norweger die Insel Island, denn sie entsprach nach ihrer Mythologie mit ihren Kräften aus Feuer und Eis genau diesem Höllentor.

Vulkane und Gletscher führen einen erbitterten Kampf um die Vormacht. Der größte Gletscher der Welt, außerhalb der Pole, befindet sich auf Island, und in den letzten 2000 Jahren gab es 125 Vulkanausbrüche.

Daneben dampft die Insel aus unzähligen Tümpeln, Schlammlöchern und Geysiren. Feuerströme fließen ihnen wie kochendes Blut entgegen, und Grönland streckt seinen Arm in Form der Gletscher nach der Insel aus.

An der Grenze der äußeren Welt leidet Island das Schicksal des gestürzten Geistes mit. Die Götterdämmerung des europäischen Geistes, der in Blindheit vor der geistigen Welt dem Egoismus und dem Irrtum verfiel. Wie Amfortas in Wagners "Parsifal", der Kundry verfiel und die Wunde empfing. So leidet Island in seiner Reinheit an der Blindheit der Menschen und zeigt es uns in seiner physischen Gestalt.

Erde: In Island habe ich das, was dein Geist umgreift, in die äußere Form gegossen und es als Wächter vor das Tor gestellt, durch das du zur höheren Erkenntnis kommst.

Denn wenn du siehst - o Mensch -, wie in dir seelisch Eis und Feuer kämpfen, wie Lavaströme sich ins Blut ergießen, wie Leidenschaften dampfend in den Himmel schießen und wie Brandungsstürme an die Felsen brechen, dann siehst du mich, wie ich vor dir stehe, und siehst den Gott in mir, der dir die Freiheit gab.

Die Freiheit durch den Schluß der Grenze, die dir in dieser Felsenhärte die Geisteswelten zeigt.

Mensch: Und wie kann ich dich dort und wie kann ich mich dort erlösen?

Erde: Wenn du dich wandelst von einem blinden in einen hellen, lichten, stillen Geist.

Doch dann muß auch die andere Grenze, die Grenze nach dem Inneren, von dir geläutert sein. Diese Grenze in ihrer unschuldigen Reinheit zeigt dir ein Stein, der in seinem schönsten Exemplar im Ural gefunden wird. Es ist der Alexandrit, der, vom Sonnenlicht beschienen, smaragd- oder jadegrün erstrahlt und bei Kerzen- oder künstlichem Licht rubinrot leuchtet.

Das Tageslicht vermittelt ihm das emotionslose, reine Bild der Natur. Denn in der grünen Farbe ist die Welt in ihrer Bildhaftigkeit am reinsten gegeben. Und aus der roten Farbe spricht die Innerlichkeit, wie sie aus der völligen Reinheit des stofflich inkarnierten Lichtes entspringt und wie sie im Blute zu Hause ist.

Mensch: Eine Schlange, die sich selber in den Schwanz beißt.

Denn die Welt hinter der äußeren Grenze ist ja die gleiche wie die Welt hinter der inneren Grenze.

Im Alexandrit treffen sie sich, und die Schlange beißt sich in den Schwanz.

Innere und äußere Offenbarung begegnen sich in diesem Stein.

Dieses Grün führt mich nach außen bis zum Jadeschmuck des Maya-Herrschers Pacal.

Und das Rot führt mich nach innen, direkt in die Seele Luzifers und den Ursprung unseres Blutes.

Aber beide Seiten in einer ursprünglichen, göttlichen Reinheit. Denn die Absichten der Götter vor dem Sündenfall sind in den Edelsteinen bewahrt, und durch sie hindurch schauen sie auf unser Gewissen.

O Erde! Könnte ich so rein sein wie dieser Stein und beide Welten in völliger Harmonie vereinen!

Ich will mir diesen Stein zum Führer nehmen.

Erde: Innen- und Außenwelt begegnen dir auch in Harmonie, wenn du die warme Kerze am grünen Weihnachtsbaum entzündest.

Mensch: Aber auch im Phänomen der Komplementärfarben finde ich die sich gegenseitig bedingende Gegenüberstellung von Grün und Rot.

Wenn ich nämlich lange Zeit auf einen grünen Punkt schaue und den Blick dann auf eine weiße Fläche hefte, erscheint auf dieser Fläche ein roter Punkt als inneres Gegenbild. Umgekehrt geschieht das gleiche, wenn ich auf einen roten Punkt schaue, dann erscheint das grüne Gegenbild.

So bedingen die Farben und die Welten sich gegenseitig.

Aber noch ein anderes Bild kommt mir in den Sinn: Christus zwischen Ost und West in völliger Harmonie, sich beiden Welten schenkend und beide Welten tragend.

Das begegnet mir in dem Bild des Abendmahls von Leonardo da Vinci, wie er es an die Wand des Speisesaales der Hofkirche Santa Maria delle Grazie in Mailand gemalt hat.

Erde: Ja dieses Bild, an ihm habe ich meine größte Freude, meinen tiefsten Schmerz und meinen höchsten Trost.

O dieses Bild, in ihm hat Leonardo meine Seele gemalt.

Er hat die Urgründe geschaut, aus denen ich erwachsen bin, und den Meister gemalt, der mich schuf, entließ und wieder zu sich nahm.

Den Meister, ruhend in der Allmacht der Ewigkeit.

Ein Gott der Hingabe, des Opfers, der ruhigen Gewißheit des zu erreichenden Zieles.

Das war ich selber einst - o Mensch!

Aus göttlichem Opfer geboren, getragen und geliebt von hohen Engelwesen, die mein Licht annahmen, verehrten und zurückwarfen.

Aber es gab auch Engel, die es von sich stießen, verleugneten und verwarfen. Das brachte mir den Tod, den Absturz aus dem Licht. Ich wurde zur Schale, zum Körper der Götter, und mit dem Austritt der Sonne aus meinem Leib verließen sie mich. So fiel ich in die Kälte, in den Tod, und zerbröckelte in der Materie.

Jedoch als getreues Abbild des einstigen Lebens als Gott.

Und dann - o Mensch -, dann malt ein Künstler dieses Bild.

Das Bild, das mich zeigt, als ich selber noch lebte als Gott.

Mensch: Und Christus hat dir dieses dein Leben in seiner Gestalt wiedergebracht.

Im Kreise seiner Jünger hat er dein Bild nachgezeichnet und wieder aufgenommen, was er mit dir einst verlor, und dir somit sein Sonnenwesen wieder geschenkt.

Erde: Aber alleine - o Mensch kann er mich nicht tragen, denn nur im Kreise seiner Jünger werden alle seine Kräfte sichtbar.

Und du - o Mensch - du mußt sein Jünger werden, sonst gehe ich ohne dich und nur mit denen, die mein Licht gefunden haben, in die Zukunft.

Das Abendmahl von Leonardo da Vinci

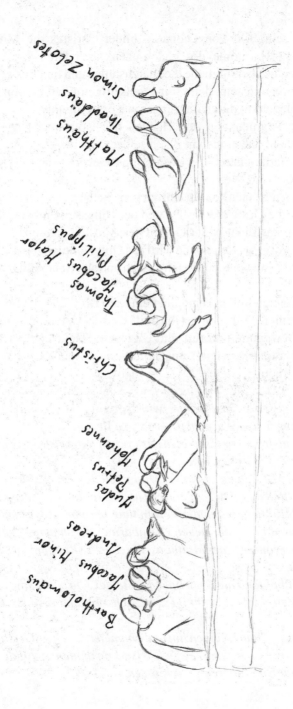

Bartholomäus
Jacobus Minor
Andreas
Judas
Petrus
Johannes
Christus
Thomas
Jacobus Major
Philippus
Matthäus
Thaddäus
Simon Zelotes

73

Mensch: In dem Bild von Leonardo bildet Christus die Mitte in der vollkommenen Harmonie des gleichschenkligen Dreiecks. Und doch scheint er nur eine übersinnliche Idee darzustellen und für physische Augen gar nicht sichtbar zu sein, denn seine vielseitigen Kräfte kommen erst in ihrer Rückspiegelung durch die Jünger zur Erscheinung.

Diese Kräfte strahlen von den Händen des Gottesmenschen aus und machen deutlich, daß er sich in ihnen selber verschenkt.

Gleichzeitig harmonisiert das zweifarbige Gewand die ausstrahlenden Kräfte nach Ost und West.

Sein Kopf ist leicht nach dem Osten, der geöffneten linken Hand, zugeneigt und verstärkt die Geste des Opfers und der Hingabe. Und aus dem Osten antwortet ihm das Licht in der Gestalt des Apostels Jakobus Major.

Im Land der Aufgehenden Sonne wird das Opfer empfangen und als Licht zurückgegeben, mit weitgeöffneten Armen und aus einer völligen Hingabe heraus.

Vor der geöffneten linken Hand liegt ein Laib Brot, und die Hand spricht dazu: "Das ist mein Leib, nehmet ihn hin!" Und der Osten antwortet in einer gewaltigen Bewegung und ruft ihm entgegen: "Dein Leib ist Licht" im Jakobus, "dein Leib ist Geist" im Thomas, und "dein Leib erfüllet mein Sein" im Philippus.

Erde: In mir findest du Christus dort, wo in der Mitte der Welt der Adam vergraben liegt, wo du das Gleichgewichtsorgan gefunden hast und wo ich in meiner ureigensten Wesenheit verborgen liege.

Die linke Hand des Christus liegt in der großen Salzwüste des ehemaligen Persiens und des heutigen Irans.

Die geöffneten Hände des Jakobus Major reichen von Rußland bis nach Indien. Die Hand und den Finger des Thomas findest du im Ural, und die Hände des Philippus stellen die Verbindung her von dem alten geistigen Reich des Himalaja zu der neuen Offenbarung durch den Christus.

Er ist getragen vom Arm des Matthäus, welcher die Rundung des Himalaja nachvollzieht.

Ganz am Schluß der Tafel, zur linken Seite des Christus, sind Thaddäus und Simon Zelotes in ein inniges, in sich abgeschlossenes Gespräch vertieft.

Auch Matthäus schaut zu ihnen hin und nimmt teil an einer Geistigkeit, die wohl die Ahnung, aber den Weg zu Christus noch nicht gefunden hat. Sie bleibt noch ganz im Inneren verschlossen.

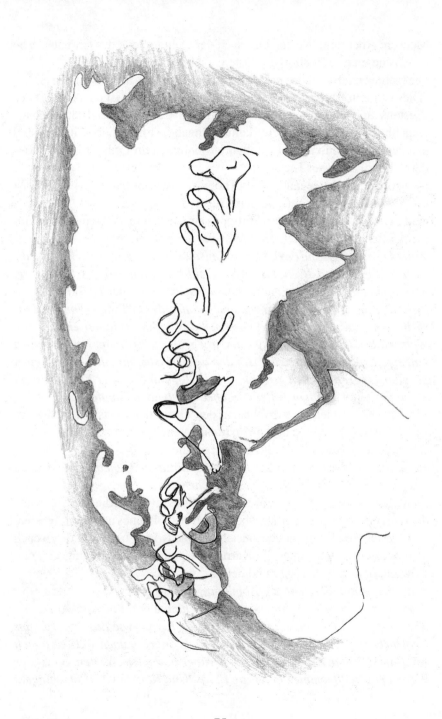

Mensch: Aber zum Westen hin, nach der rechten Seite des Christus, sehe ich das genaue Gegenbild des Ostens und der linken Hand.

Die rechte Hand des Christus schwebt über dem Glas mit Wein und spricht: "Dies ist mein Blut, nehmet es hin!" Aber ganz anders ist die Antwort des Westens und auch die Haltung der Hand Christi. Judas nämlich, als Gegenbild des Jakobus, zeigt keine Hingabe, sondern den sich geltend machenden Eigenwillen. Er antwortet nicht: "Dein Leib ist Licht", sondern: "Ich will dieses Licht."

Und Johannes als Gegenbild des Thomas antwortet nicht: "Dein Leib ist Geist", sondern: "Ich entsage dem Geist."

Und Petrus als Gegenbild des Philippus antwortet nicht: "Dein Leib erfüllt mein Sein", sondern: "Ich bin mir selbst genug."

Erde: Die rechte Hand des Christus liegt an der Grenze der Türkei, und ihr steht die linke Hand des Judas in Griechenland gegenüber. An der Grenze, wo schon Zeus und Kronos gekämpft haben und wo in der Türkei der letzte Ausläufer der östlichen Weisheit verschwand, als der Tempel von Ephesos verbrannte und Griechenland nur noch das äußere Bild der ehemaligen Weisheit des Ostens diesem Osten entgegenhalten konnte. Zwischen den aufgestellten und gespreizten Händen des Christus und des Judas liegen die vielen zerschlagenen griechischen Inseln und darunter Kreta, wie ein Stein, der auch auf dem Teller zwischen den beiden Händen liegt.

Mensch: So müssen die Abkehr und der Verrat des Judas aber schon im Willen des Christus liegen, denn im Judas spiegelt sich nur nach außen, was schon in der Absicht der Göttlichen Hand liegt.

Erde: Ja - o Mensch - das ist das große Göttliche Geheimnis und seine Tragik, die dir aber deine Freiheit geschenkt hat.

Mensch: Und meine Verantwortung für die Zukunft; durch die Nichtannahme des Opfers; durch das Sich-Herüberneigen des Johannes nach dem Westen. Seine gefalteten Hände liegen in Istanbul, und Körper und Kopf ragen nach dem Westen herüber über die Karpaten bis zu der Verbindung von den Sudeten, dem Böhmerwald und dem Erzgebirge.

Erde: Es ist der Verzicht, die Ablehnung eines Opfers.

Du kennst dieses Bild schon aus der Geschichte von Kain und Abel.

Abels Opfer wurde angenommen und stieg herauf wie das Gebirge des Ural im Osten. Kains Opfer aber wurde nicht angenommen und neigte sich wie Rauch - oder RUACH, Geist - herüber nach dem Westen. So ist der Westen ein Nachkomme der Kräfte Kains. Und Kain hat Abel erschlagen.

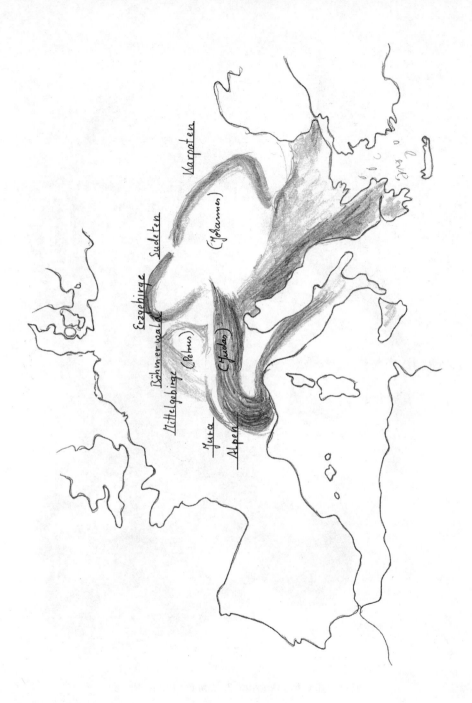

Karpaten

Sudeten

Erzgebirge

Böhmerwald

Mittelgebirge

Jura

Alpen

(Pfannen)

(Rehm)

(Chiola)

Skizze der drei Apostel: Johannes, Judas, Petrus

Das heißt, daß dein äußerer Verstand die alten Weisheiten des Ostens verdrängt hat.

Mensch: Im Osten bewirkte die Bejahung des Opfers das Licht im Jakobus. Was bewirkte die Nichtannahme des Opfers im Westen?

Erde: Ein Schattenwurf des Lichtes nach dem Westen.

Europa ist die nach außen gestülpte Weisheit Asiens.

Aber es ist keine nachlässige Ablehnung des Lichtes, sondern ein aktiver, gewollter Verzicht. Ein Opfer, aus der Ablehnung eines Opfers entstanden.

Aber der Verzicht auf ein Leben im Licht bedeutet auch den Verzicht auf eine kontinuierliche Entwicklung in Zeit und Raum.

Europa kann sich die Ewigkeit neu erringen, wenn es die verschmähten kosmischen Weisheiten aus dem freien Ich heraus neu ergreift.

Der Schatten des Lichtes verdichtet sich und wird zum Wasser und die Substanz des nicht angenommenen Opfers, also dessen Inhalt, wird zum sich offenbarenden festen Erdgerüst, das auf den Wassern des Westens schwimmt und durch die Kräfte des Judas festgehalten wird.

Mensch: Der Tod in der Materie ist dann die Folge des Egoismus und der Habgier, wie sie sich im festgehaltenen Geldbeutel des Judas zeigen.

Erde: Ihn selber kannst du im Gebirgszug der Alpen wiederfinden. Der rechte Arm reicht über Italien bis nach Sizilien. Die linke Hand hast du in Griechenland schon gefunden.

Die Hände des Petrus sind im Gegensatz zu den Händen des Philippus ganz nach außen gerichtet. Die linke Hand findest du im Schweizer Jura bis hin zur Böhmischen Platte, also bis unter den Kopf des Johannes, den du in der Rundung von Böhmerwald und Erzgebirge schon gefunden hast. Die rechte Hand des Petrus hält hinter dem Rücken des Judas ein Messer nach dem Westen gerichtet. Diese Hand findest du im französischen Zentralmassiv.

Die drei Apostel ganz rechts an der Tafel stellen das genaue Gegenbild der drei Apostel an der anderen Tafelseite dar. Bis in die Handbewegungen zeigen sie den genauen Charakter von Spanien, Frankreich und England. Spanien findest du im Bartholomäus.

Bartholomäus stützt sich mit beiden Händen auf den Tisch auf. Er zeigt damit seine Verbindung zu Afrika und zu Südamerika, was du auch schon in der Sprache empfinden kannst. Denn Spanisch wird in Südamerika wie in Spanien gesprochen.

Die äußersten Enden von Ost und West zeigen sich in ihrem Charakter in den entgegengesetzten Handbewegungen des Bartholomäus und des Simon Zelotes. Der eine wendet sich nach oben zum Geist, der andere nach unten zur Stütze der Welt.

Jakobus Minor, also Frankreich, stellt die Verbindung über den Jura nach Deutschland dar. Er hat die linke Hand auf dem Rücken des Petrus liegen.

Andreas, also England, sondert sich ganz ab und zeigt in Geste und Sprache seine Verbindung nach Nordamerika.

Ganz im Gegensatz zu den Handbewegungen des Matthäus, der ganz einfließt in die Lichtkräfte des Ostens.

Mensch: Das gesamte Abendland, also das Land der untergehenden Sonne und der Götterdämmerung, sondert sich aus dem Sonnenwesen aus und wird zum offenbaren Geheimnis.

Erde: Ja, es liegt vor dir, und du kannst es nicht sehen.

Aber es zeigt sich dir sofort, wenn du sehen lernst.

Es ist auch nicht gleichgültig - o Mensch -, wo die Sonne steht. Im Osten geht sie auf, ist aber noch kindlich-unschuldig mit den Kräften der Erde verbunden. Dort trage ich sie noch in mir.

Sie schickt sogar ihr Licht voraus, das wie eine Aura oder ein Heiligenschein ihr Kommen ankündigt. Auf dem Fudschijama, dem heiligen Berg Japans, ist dieses ergreifende Phänomen als "Goraiko" bekannt.

Noch bevor die Sonne aufgeht, erscheint ihr Licht wie aus dem Übersinnlichen heraus in einem wunderbar zarten Schein, der verschwindet, sobald die Sonne selber erscheint.

Aber die Kräfte der Erde verläßt sie nie ganz, bis sie am Ural angekommen ist. Dort ist die Grenze, wo sie mich verläßt. Danach steht sie mir direkt gegenüber. In dem Bereich, den du auch schon gefunden hast: über Palästina und Madagaskar.

Aber dann kommt die Grenze, wo sie mich ganz alleine läßt und selber dem Untergang geweiht ist. Zwischen Griechenland und der Türkei, der Geburtsstätte Europas.

An der Grenze, wo Laokoon, der Priester des Sonnengottes Apollon, mit seinen zwei Söhnen von zwei Schlangen getötet wurde. Die Schlangen kamen von der Tochter des Zeus, die ihm aus der Stirn entsprungen war und die, als Athena bekannt, die Kraft seines Intellektes und seiner Gedanken repräsentiert. Also die Kraft des Westens.

Die Laokoon-Gruppe

So ist der Westen dein Schicksal - o Mensch -, die Gedanken, die sich in dich hineinfressen und dich zerstören, wenn du sie nicht neu belebst.

Du hast deine Sinnesorgane dem Licht geopfert und bist an ihnen schuldig geworden.

Und an mir - o Mensch - da du mich durch deine Gedanken nicht mehr achtest und nicht mehr liebst.

Mensch: Nun wird mir das geistige Geschehen in meinem Kopf erst richtig verständlich.

Die Kräfte des geopferten Lichtes fließen in den strahlenden Haaren nach unten und schließen sich ins Hinterhaupt ein, wie die Kräfte des Mondes das Sonnenlicht nach innen spiegeln. Aber sein Licht kommt aus dem Vorgeburtlichen und erfüllt mich mit den Kräften des geistigen Kosmos.

Diese Kräfte durchdringen mein ganzes Sein und bilden auch von innen heraus die Substanz der Sinnesorgane.

Die Sinnesorgane selber aber werden dann vom äußeren Licht der Sonne erschlossen. Die Sinnesorgane schieben sich in die Außenwelt hinein wie z. B. die Nase, die der Mensch auch überall hineinstecken muß.

Die Außenwelt wird empfangen durch die sich öffnende Innenwelt.

Und so wie die geistigen Kräfte des Vorgeburtlichen und des inneren Lichtes zu den Bewegungskräften im Raume des menschlichen Körpers werden, so werden die physischen Kräfte der äußeren Welt zu den geistigen Kräften des menschlichen Erkennens.

Durch das Nachlassen der Sonne im Westen bekommt die Erde Gewicht und Schwere; und so auch mein Erkennen der Natur. Es wird hart und schwer und begnügt sich mit dem toten Bild des Lebens.

Aber wie hinter dem Abendrot der Sternenhimmel wieder erscheint, der sich im Morgenrot verschlossen hatte, so könnte das Denken zu neuen Ufern aufbrechen, wenn da nicht die vielen Hindernisse wären.

Die Hindernisse, die im Menschen selber liegen und die mit der Nichtannahme des Gottesopfers zu tun haben.

Das Schicksal des Kain, die Abweisung des Opfers, befreit die Schlangen, die den Menschen binden und die auch schon die Götterdämmerung bewirkt haben.

Hel, die Midgardschlange und der Fenriswolf.

Diese Kräfte verwehren uns den Blick ins Nachtodliche, in die Welt, die sich dort mit der vorgeburtlichen Welt wieder treffen möchte.

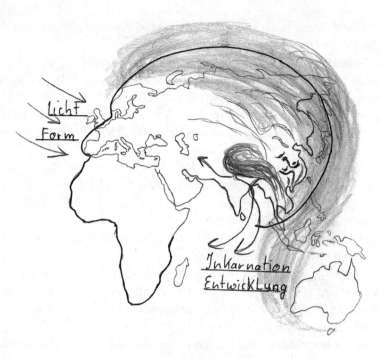

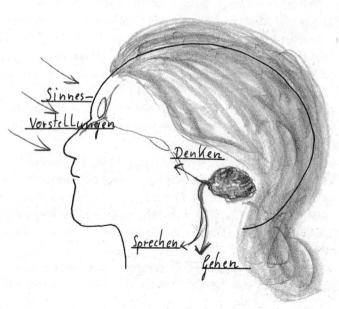

Erde: Der Westen als das sich offenbarende Geheimnis des Ostens kann die Gottheit oder Untergang sein.

Es offenbart sich dort in meinen Kräften das innere Geheimnis deiner Wesenheit. Denn Europa ist noch einmal ein kleines Bild der ganzen großen Weltengeheimnisse und des Weltengeschehens. Ins Kleine zusammengeschoben, damit du deinen erkennenden Geist aus ihm befreien kannst. Das ganze Weltengeschehen wiederholt sich noch einmal für deine Bewußtseinsseele.

Die Erdengesetze, die dich bildeten, liegen dir im Westen zu Füßen, und du erhebst dich über sie und wirst zum Weltenbürger, der seine Kräfte nicht nur aus ihnen, sondern auch aus den nach vorne blickenden Kräften der Sternenwelten holt.

Mensch: Zeige mir - o Erde -, wie du meine Kräfte offenbarst, dann will ich dir die Sternenwelten hinzuschenken.

Erde: Bisher hast du Afrika und Skandinavien als Gegensätze erlebt. Nun erlebe Ost und West als sich polarisch bedingende Gegensätze. Erlebe sie als Innen und Außen, wie du Afrika und Skandinavien als Unten und Oben, als Schwere und Licht erlebt hast.

Aber Innen und Außen sind nicht nur räumliche Unterschiede, sondern alles, was sich aus einem Inneren nach außen begibt, verändert sich auch in seiner Qualität. So eben, wie du es an den Gruppen der Apostel links und rechts des Christus erleben kannst.

Die Kräfte des Ostens kommen aus einem inneren, lebendigen Zusammenhang in eine äußere, tote Form und zeigen ihren Tod im Verzicht auf den innerlich getragenen Geist.

Schaue genau hin, wie sich die drei östlichen Kräfte, die sich im Thomas, Jakobus und im Philippus offenbaren, nach dem Westen, über Golgatha hinüber, verwandeln.

In der Hand und dem aufgerichteten Zeigefinger des Thomas konntest du den Ural lokalisieren. Auf der anderen Seite neigt sich dieser Finger als Fortsetzung des Johannes und in Form des Teutoburger Waldes, des Weserberglandes und des Harzes von der Mitte hinweg dem Westen zu, und verzichtet somit auf das Bewußtsein, das dir durch die Erinnerung und das innere Licht gegeben wird.

Mensch: So entsteht also durch die Opferung dieser inneren Grenze im Westen die Grenze, an der das Bewußtsein der äußeren Welt auftreten kann.

Die Schlange der inneren und der äußeren Welt, die sich am Ural in den Schwanz beißt, erhebt sich hier in den Bereich des freien Bewußtseins. Am Ural ist die Grenze wie eine lebendige Pflanze, aus Licht und Farbe gewoben. Am Teutoburger Wald ist sie eine bewußte Auseinandersetzung mit den Göttern, die die Welt formen und tragen.

Erde: Heute aber kannst du durch diese Grenze nicht mehr schauen, sowenig wie du ins Vorgeburtliche, hinter den Ural, schauen kannst.

Mensch: Aber einmal hat der Geist Europas sein Leben gestaltet aus der Durchschauung dieser Grenze. Als Werkzeug dazu dienten ihm die Externsteine.

Erde: Ja, die Externsteine, sie sind entstanden aus dem Opfer der östlichen Grenze. Denn wie die rechte Hand des Christus über dem Weinglas auf das Wasser weist als der Wirkung des abgelehnten Lichtes und sich als herausgefallene Opfersubstanz Europa, auf dem Wasser schwimmend, bildet, so zeigen die über 200 Paderquellen in Paderborn den Bezug zu diesen Kräften, und die Externsteine sind die sichtbar gewordene Opferkraft, die sich zusammen mit dem Teutoburger Wald darüber neigt.

Verzicht, Demut und Ablehnung sind in diese Gebirgszüge eingeschrieben. Aber das ist eben die Tatsache - o Mensch -, daß sich neues Erkennen nur auf dem Opfer von Altem bilden kann.

Das hat die Steine durchlässig gemacht für die Gespräche mit den Göttern.

Mensch: Aber auch durchlässig bis zum Ural. Denn was wäre eine äußere Anschauung ohne Erinnerung und eine innere Grenze, die keine Eindrücke bekäme. Es ist ganz wunderbar, wie sich die Gegensätze selber bedingen.

Erde: Früher einmal, da waren beide Grenzen für dich durchschaubar, und ich lebte durch dich das Leben des Kosmos mit. Heute sind sie hart und undurchlässig, und ich leide sehr, denn ich werde arm und ärmer und nähere mich meinem gänzlichen Zerfall. Aber du - o Mensch -, du wirst diesen Zerfall in deinen Krankheiten mitmachen.

Der Bezug zum Kosmos ist mir Nahrung, da er meine Vergangenheit und meine Zukunft trägt. Das Bild von Leonardo ist ja nur ein Bild, aber es ruft dich auf, die Wirklichkeit hinter diesem Bild zu finden.

Und das - o Mensch - kann unsere Rettung sein.

Mensch: Wie war das denn, als die Grenze nach dem Westen noch durchlässig war?

Erde: Du hast schon gesehen, wie die äußere Grenze bis zum Golfstrom reicht, der Europa vor den verhärtenden Mondenkräften Grönlands schützt.

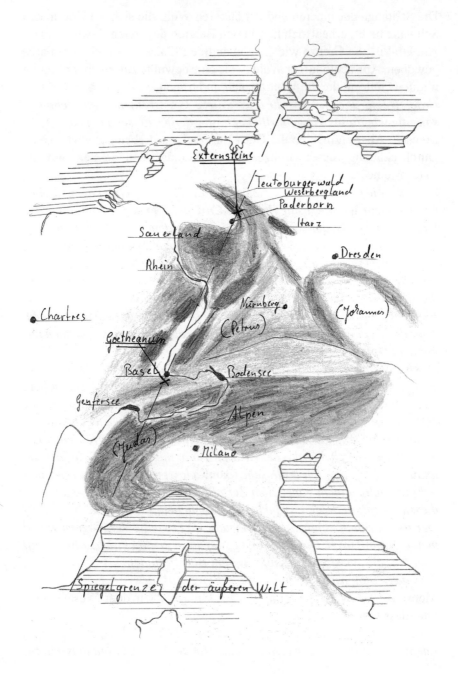

Externsteine

Teutoburgerwald
Westerbergland
Paderborn

Sauerland

Harz

Rhein

Dresden

Chartres

Nürnberg

(Johannes)

(Petrus)

Goetheanum

Basel

Bodensee

Genfersee

Alpen

(Judas)

Milano

Spiegelgrenze der äußeren Welt

86

Und was sich dann zwischen dem Golfstrom und dem Teutoburger Wald vollzieht, sind reine Sonnenwirkungen des Äußeren, wie hinter dem Ural die Mondenkräfte des Inneren wirksam sind.

Die Sonnenwirkungen nun, sie formen das Land von außen und können nur dort wirklich wirksam sein, wo Land ins Wasser hereinragt wie in den Inseln des Westens.

Doch diese Licht- und Sternenkräfte, die so wunderbar in der Luft und über Land und Wasser spielen, sie sind schon Kräfte aus dem Nachtodlichen. Die alten Eingeweihten der westlichen Mysterienstätten, sie haben diese kosmischen Kräfte gekannt und haben sie mir zur Nahrung gereicht. So auch die Artusritter in England.

Sie hatten ihre Burg im Südwesten Englands und bildeten mit ihren zwölf Sitzen, die wie die Sternzeichen um den dreizehnten angeordnet waren, die kosmischen Gesetze und Weisheiten ab.

Mensch: Und das sind, d. h. waren die Kräfte des Nachtodlichen?

Erde: So wie du es dir schon einmal zum Bewußtsein gebracht hast. Aber immer wieder und wieder mußt du sie neu finden.

Die Kräfte des Nachtodlichen sind es, weil sie sich über das Körperliche hinaus in den Kosmos und in die geistige Welt hineinbewegen. Die Kräfte des Körperlichen müssen also geopfert werden, um mit dem Bewußtsein die übersinnliche Welt zu ergreifen. Das aber geschieht auf natürliche Weise bei deinem Tod, nur kannst du mit deinem vollen Bewußtsein diese Tatsache dann nicht mehr beobachten, weil du dein Bewußtsein nicht dahingehend geschult hast. Die Eingeweihten aber, sie konnten dieses Geschehen schon während des Lebens beobachten. Dem Menschen heute zeigt sich davon nur die äußere Sinnengrenze. Er denkt also mit den Kräften des Nachtodlichen, die ihm heute aber in die Sinnlichkeit hinein gestorben sind und somit nurmehr ihre Außenfläche zeigen.

Hingegen beruht dein Ich-Erleben am Ural, also an deiner inneren Grenze, auf dem Erlebnis des Eintauchens in die Körperlichkeit.

Von dem Moment an, wo du "Ich" zu dir sagen lernst, also etwa von deinem zweiten bis dritten Lebensjahr an, baut sich dieses Bewußtsein auf und begleitet dich als die sich auf deine eigene Persönlichkeit aufbauende Erinnerung.

Durch die Grenze des Nachtodlichen aber strömten die Gedanken der Zukunft in mich ein, als die Eingeweihten des Westens sie mir noch gaben.

Externsteine, das Relief (unten)

Externsteine: Kapelle, Felsengrab (unten)

Mensch: Und diese kosmischen Gedanken, sie strahlten dann aus über das norddeutsche Flachland, über Holland und kamen dann über Münster in die Mündung des Teutoburger Waldes bis nach Paderborn und zu den Externsteinen.

Und wie es die drei Gebirgszüge gibt, Teutoburger Wald, Weserbergland und den Harz, und sie der äußere Spiegel der inneren Erlebnisse des Vorgeburtlichen des Himalaja sind, der ja bis an die Grenze des Ural heranströmt, so waren in den Externsteinen drei hauptsächliche Einweihungsorte für die Aufnahme der westlichen Geheimnisse eingerichtet.

In dem oberen Teil einer der Felssäulen, die mit 30 m Höhe den Teutoburger Wald überragen, ist in den gewachsenen Felsen eine Kapelle gehauen. Der Zugang zu ihr führt über eine schmale Brücke über den Abgrund. Innerhalb der Kapelle sind in Säulen und Steingesichtern die inneren Geheimnisse des Menschen angedeutet. Es war für die Priester ein besonderes Erlebnis, sich in diese Höhe von der Erde zu entfernen und sich nur den Geheimnissen des Felsens und der Gedanken zu widmen.

Dieser Aufstieg war ein Aufstieg zu dem Punkt im Menschen, der hinter der Nasenwurzel liegt und in dem das bewußte Ich des Menschen besonders zum Tragen kommt.

Also zwischen den Augen, wo sich das Denken konzentriert und wo David den Goliath mit dem Stein traf.

Dort brachte der Priester dann seine inneren Erlebnisse dem Kosmos als Opfer dar. Und die Antwort kam ihm durch eine 37,50 cm große runde Öffnung in der nordöstlichen Felsenwand entgegen. Durch sie nämlich schienen die aufgehende Mittsommersonne und der nördlichste Mondenaufgang in den Felsen hinein an die gegenüberliegende Wand.

Unter der Öffnung im Inneren des Raumes steht ein Altar, wodurch der Kosmos und vor allem die Sonne ihre Geheimnisse durch den Opferrauch hindurch in das Innere des Raumes einschreiben konnten.

Odin, der Sonnengott der Asen und der Lenker Europas, konnte sich so den Menschen mitteilen.

So werde ich auf der Bewußtseinsebene wieder an den Alexandrit erinnert und daran, wie er das gebrochene Sonnenlicht in seinem Inneren rot erstrahlen läßt.

Wenn ich nämlich mit einer Lupe das Sonnenlicht breche und in den sonst grün leuchtenden Stein hereinfallen lasse, erscheint dieser rot wie auch beim Kerzenlicht. Und somit habe ich wieder die Verbindung zum Ural.

Erde: Aber im Ural und im Alexandrit auf elementarer göttlicher Stufe und in den Externsteinen im rein meditativen Bewußtsein. Europa ist gegenüber der Pflanze des Ostens wie ein Samenkorn, das das einstmals lebendige Geschehen wie Schalen übereinanderlegt und dem Menschen die Möglichkeit gibt, sich frei den äußeren Offenbarungen zu widmen.

Aber im Gegensatz zu der Kapelle im oberen Teil der Externsteine befand sich meine Einweihungsstätte an deren Fuß, schon unter der Erdoberfläche. Denn dort, wo heute noch der Felsen mit dem Steingrab steht, dort legte sich der Mensch selber als Wahrnehmungsorgan in die Erde. Bedenke wohl - o Mensch! Im oberen Teil tritt die Sonne in den Fels, und im unteren Teil tritt der Mensch in den Fels, um für den Felsen selber zur Wahrnehmung zu werden. In diesem Felsengrab nämlich wurde er in einen tiefen Schlaf versetzt, während welchem ich ihm meine Geheimnisse kundtat und er mir die Geheimnisse der Gestirne brachte.

In der Höhle im mittleren Teil der Felsen, deren Pforte der Wächter mit den zwei Schlüsseln schützt, wurden dann die Geheimnisse von unten und von oben verbunden und auch ausgesprochen.

Mensch: Ja, diese Weisheiten strahlten dann aus in das ganze Land. Lange schon vor dem Christentum und lange noch danach. 772 n. Chr. verbot Karl der Große die Anbetung der Externsteine und der Irminsul, das Symbol der heidnischen Einweihung.

Zisterziensermönche meißelten im Mittelalter das Relief der Kreuzesabnahme in den Fels und nahmen die umgestürzte Irminsul als Stuhl für den Nikodemus, der den Körper des Christus vom Kreuz nahm.

Dieses ganze Geschehen um die Externsteine aber spielte sich, wenn ich es im großen betrachte, rein im Gedankenhaften ab. Denn der Norden, wo die Götter der deutschen Göttersagen ihre Wohnung hatten, hebt sich ganz heraus aus den Kräften des übrigen Europas.

Erde: Und doch inspirierte er dieses, wie der Kopf des Menschen den übrigen Körper inspiriert.

Der Norden empfing die Offenbarungen aus dem Westen und aus der Sonne, ohne sie in seine persönlichen Eitelkeiten aufzunehmen. Denn in den Wahrheiten und den Ideen des Übersinnlichen blieb der Mensch immer Weltenbürger.

Aber im mittleren Bereich Europas blieb er es nicht.

Dort, wo sich der Rhein einen Durchbruch durch das Schiefergebirge ins Innere Europas erzwingt.

Dabei mußt du aber den Verlauf des Rheines andersherum, also von der
Nordsee zu den Alpen hin, verfolgen.
Denn es fließen auch Kräfte entgegen der Wasserströmung. Kräfte der
Sonne und des Lichtes, die sich dem Lebenselement des Rheines anvertrau-
en und anvertrauten, denn sie sind ihm in Form des Rheingoldes, wie
Richard Wagner es darstellt, zum größten Teil schon gestohlen worden.
Mensch: Ja, ich sehe, wie der Teutoburger Wald oberhalb des Rheines liegt
und dieser die Neigung des Verzichtes sogar mitvollzieht. Aber wie sich
meine Sinneserlebnisse dem Blut verbinden und zu persönlichen Empfin-
dungen werden, so bahnen sich die Lichtkräfte des Rheines ihren Weg ins
Innere und strömen fast senkrecht herunter bis zum bedeutungsvollen
Knick von Basel. Vorbei an der Lorelei, an der das Übersinnliche im Blut
zerschellt.
Auf dem Weg dorthin trennen sie Ost und West in Form der beiden
Gebirgszüge: der Vogesen und des Pfälzer Wald im Westen und des
Schwarzwaldes im Osten.
Erde: Eine wirkliche Trennung zwischen Ost und West, denn hier findest
du den Petrus, der im Gegenbilde des Philippus sagt: "Ich bin mir selbst
genug" und der sich zwischen Judas und Johannes befindet.
Das Rheingold aber ist die Weisheit, die den Menschen egoistisch und
volksgebunden macht und ihm Verderben und Tod beschert. Der Ring, der
aus diesem Gold geschmiedet wurde, ist mit einem Fluch belegt, der die
Wunde des Rheingrabens tief erfüllt.
Mensch: Ja, das Gold, das wechselnd wacht und schläft, wie es bei Wagner
heißt, ist die Substanz meines Ich, wie es dem Licht des Tages unterliegt.
Mein ganzes Weltbild verändert sich an dieser Grenze.
Es taucht aus der Nacht auf und wendet sich zum klaren Licht des
Bewußtseins. Aber es verschwindet sofort, wenn das Licht verlöscht. Dann
bleibt nur die Erinnerung, die das Bewußtsein weiterträgt.
Erde: Mit "Licht" mußt du dann aber alle Sinneserlebnisse bezeichnen.
Das Hören, das Tasten und alle anderen, die an deiner äußeren Grenze
liegen. Die inneren Sinne, wie z. B. der Gleichgewichtssinn und der
Lebenssinn, kommen noch aus dem Bereich des Vorgeburtlichen und
finden nur ihre Orientierung an der äußeren Grenze.
Mensch: Aber ich sterbe an der äußeren Grenze; und wenn ich den Weg ins
Nachtodliche nicht finde, reiße ich die Welt mit mir in den Tod.

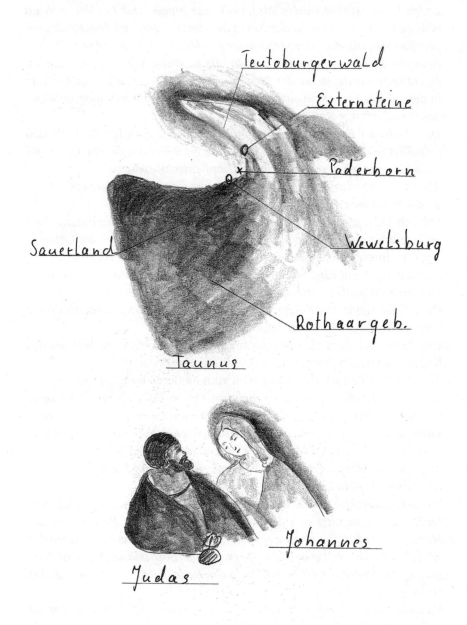

Teutoburgerwald

Externsteine

Paderborn

Wewelsburg

Sauerland

Rothaargeb.

Taunus

Johannes

Judas

Erde: Ja, du stirbst in den Materialismus hinein und bindest dich an meinen Leichnam. Das ist der Fluch des Ringes, der, aus dem Rheingold geschmiedet, als Ring dein Ich immer wieder auf sich selber zurückwirft. Aber wie die Externsteine ihre vorchristliche Weihe verloren, als dein Ich eigennützig wurde, so hat der Rhein sein Gold verloren, als deine Gefühle in deinen Körper hineinstarben und du das Mitfühlen mit anderen Menschen und mit der Natur verlorst.

Die Macht der Externsteine verwandelte sich in deinen Intellekt, als sich dein Blick in die geistige Welt der Gestirne verschleierte und du die einmal gewonnenen Geheimnisse in deinen Kopf einschlossest.

Aber das wiederum war ein Opfer. Das Opfer eines Gottes, der seine Macht an die Menschen abgab.

Mensch: Das kann ich erleben, wenn ich mich in der Kapelle der Externsteine befinde und sehe, wie die Menschen achtlos ihre Köpfe aus der Öffnung stecken, durch welche die alten Eingeweihten die Sonne verehrten.

Niemals hätte ein Eingeweihter von damals daran gedacht, seinen Kopf - nur so zum Spaß - durch diese heilige Öffnung zu stecken.

Denn diese runde, zur Sonne schauende Felsenöffnung war identisch mit dem Ich-Bewußtsein hinter seiner Stirn.

Und heute befinden sich alle kosmischen Geheimnisse im Inneren des Kopfes und haben ihren eigenen Ursprung vergessen.

Zur gleichen Zeit ist die äußere Welt zum bloßen Abbild geworden.

Erde: Das ist die Konsequenz aus dem Opfer, das der Engel Europas (Johannes im Bild des Leonardo) gebracht hat, indem er seiner eigenen Entwicklung im Licht entsagte und Europa nach dem Westen aussonderte. Und die Konsequenz aus dem Opfer ist, daß sich das Opfer fortsetzen muß. Also aus der lebendigen Geisterkenntnis zum bloßen Schein.

Das ist der Fall in die Materie.

Wie das Labyrinth auf Kreta die tiefe Tragik des verlorengegangenen Lichtes zeigt, so setzt sich auch diese Wirkung fort im Bewußtsein des Menschen, und das Licht der Erkenntnis wird gefesselt von den Kräften der Wewelsburg. Diese liegt im Südwesten von Paderborn und den Externsteinen genau gegenüber. So wie sich im Bild von Leonardo Johannes und Judas gegenüberstehen.

Mensch: Das ist wohl auch der Grund, warum sich Hitler und seine Gefolgsleute dort ihre Einweihungsstätte suchten.

Denn im runden Nordturm der dreieckigen Burg befand sich der schwarzmagische Einweihungsraum. Zwei kreisrunde Räume lagen übereinander und bezogen sich in ihren Wirkungen aufeinander.

Im unteren der Räume befand sich in der Mitte eine runde Vertiefung, in welcher die Ströme des Bösen, die seit der Trennung aus der Gottheit die Erde durchpulsen, empfangen wurden.

Um diesen Kreis herum standen zwölf kniehohe Säulen, auf welchen Abgesandte des Bösen saßen und ihre Gedanken, wie aus den zwölf Tierkreiszeichen kommend, in die Mitte des Raumes sandten. In der Decke des Raumes befand sich eine kreisrunde magische Inschrift. Diese deckte sich genau mit einem kreisrunden Platz in der Mitte des oberen Raumes. Dort stand der Einzuweihende, von zwölf Säulen umgeben, und empfing die Botschaft aus den Tiefen; ohne daß er von deren Intensität genaue Vorstellungen hatte. Und auch nicht vom Treiben unter seinen Füßen.

Erde: Unterhalb der Wewelsburg, nach dem Süden zu, lagern sich die Gebirge des Sauerlandes. Auch in ihnen kannst du die Tragik und die Schwere der herausgefallenen Opfersubstanz empfinden. Die Opfersubstanz ganz Europas wirst du in den Alpen schauen, wenn du bis zu ihnen vorgedrungen sein wirst. Doch das Sauerland gibt ein kleines Bild der Alpen für den freien Geist des Nordens.

Mensch: Durch den Verlust der kosmisch-geistigen Welt aber, die durch den Gebirgszug des Teutoburger Waldes errungen worden war, ist die Welt zu einem illusionären Schein geworden.

Zu einer Oberfläche, hinter die nicht mehr zu schauen ist.

Erde: Nur wenn du lernst, wirklich nach dem Goethewort zu gehen:
"Alles Vergängliche ist nur ein Gleichnis,
Das Unzulängliche, hier wirds Erreichnis",
dann erreichst du mich wieder da, wo meine wirklichen täglichen Wunder im Schaffen der Welt geschehen.

Mensch: Dann finde ich auch den Geist im Menschen wieder und kann ihn verbinden mit dem Urgrund des Opfers, mit dem Licht des Christus. Denn nur im Zurückbringen der geopferten und verlorengegangenen Substanz kann der gänzliche Zerfall deiner und meiner Welt verhindert werden. Wie Christus es selber angekündigt hat, indem er am letzten Tag des "Laubhüttenfestes" auftrat und vom lebendigen Wasser sprach.

Das Laubhüttenfest nämlich war ein Fest, wo an einer Quelle, die aus dem Boden trat, der Ursprung der kosmischen Weisheit in der Inkarnation gefeiert wurde. Christus nun wandelte das sich opfernde Wasser zurück in den Heiligen Geist.

Er sprach: "Wer durstig ist, der komme zu mir und trinke! Wer an mich glaubt, aus dessen Innerstem werden Ströme lebendigen Wassers fließen, wie die Schrift sagt."

Damit meinte er den Geist, den alle empfangen sollten, die an ihn glaubten.

So rufen mich die Paderquellen zwischen der Wewelsburg und den Externsteinen auf, im Angesicht des strömenden Opfers zurück zum Geiste zu finden.

Zu dem Geiste, der das Bewußtsein aus dem Tod, dem es in der Materie verfallen ist, wieder zurück ins Leben führt. Aber das ist nur in Christus möglich.

Denn die Externsteine wären alleine der Freiheit ewig fremd geblieben, und die Wewelsburg müßte alleine den Menschen im finsteren Egoismus zerreiben.

Wenn ich aber meine Freiheit nutze und die Bequemlichkeit opfere, finde ich zurück zu den Ursprüngen deines und meines Seins.

Erde: In deinem Bemühen, mich und dich wirklich zu verstehen, opferst du schon deine Bequemlichkeit und beginnst den Weg in die produktive Phantasie.

So geh nun weiter vom Teutoburger Wald, dem Weserbergland und dem Harz, die sich als äußere Offenbarungen des Ostens nach dem Westen neigen, nach dem Süden herunter zu den Alpen.

Diese stellen das genaue Gegenbild dar und binden den Geist des Ostens in ihre Schwere.

Wie sich nämlich im Norden der Osten nach dem Westen neigt und seine Kräfte opfert für den Empfang neuer, bewußter Kräfte, so schiebt sich der Westen im Süden, also in den Alpen, nach dem Osten vor und stiehlt die Weisheiten des Ostens.

In den Alpen und herunter über Italien bis nach Sizilien findest du den Judas, der da sagt: "Ich will das Licht."

Aber nun schau - im Norden, im Teutoburger Wald und in den anderen Gebirgszügen, die sich nach dem Westen neigen, findest du den weiblichen Osten, der dort als Fortsetzung des Opfers des Johannes zu den physischen Gebirgszügen wird.

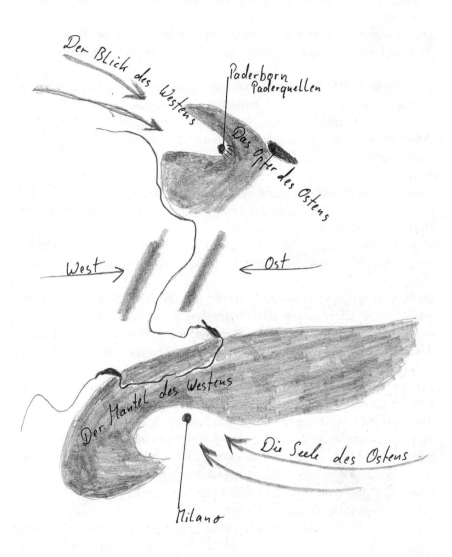

Vom Westen aber kommt diesem weiblichen Wesen, diesem seelenvollen Antlitz, ein männlicher Geist und ein männliches unsichtbares Antlitz entgegen.

Dieses schiebt sich in die sich öffnenden Gebirgszüge von Teutoburger Wald und Sauerland und dringt bis nach Paderborn und dem Eggegebirge vor.

Mensch: So wird Paderborn also von einem männlichen Geist gebildet. Da kommt tatsächlich, wie in den deutschen Göttersagen, Wotan in Blitz und Sturm, in Licht und Schrecken der Brünhilde entgegen, die er zur Strafe ihres Ungehorsams, da sie ihre Liebe den Menschen schenkte, zum Felsen verwandelte und in den Schlaf zwang.

Erde: Brünhilde schläft noch heute dort.

Mensch: Und Paderborn, durch den männlichen Geist geformt, trinkt aus den Brüsten der Paderquellen. Dem geopferten Geist, der aber zum Heiligen Geist gewandelt werden muß.

Erde: Im Gegensatz zu Milano, das aus den weiblichen Kräften des Ostens geformt und von den männlichen physischen Hüllen der Alpen ummantelt wird.

Im Norden berührt das westliche Antlitz das Östliche nur mit dem Geiste und überläßt die Bildung des Physischen dem Osten. Im Süden aber ergreift der physische Wille des westlichen Geistes die Erde, und der Geist des Ostens wird wie eine Geliebte umschlossen und seelisch getragen oder gefangen durch die Po-Ebene Italiens.

Die wunderbare göttliche Kunst Italiens resultiert aus diesen kosmisch-weiblichen Kräften.

Auch das Bild des Abendmahles von Leonardo in Milano.

Mensch: Was also geistig im Norden sich mitteilt, bekommt in den Alpen physisches Sein. Und was an Kunstwerken physisch im Süden sich bildet, strebt zu seiner geistigen Erweckung im Norden.

Erde: Von drei Seiten strahlen die Kräfte in den Alpen zusammen, um dieses wunderbare Massiv zu formen.

Die einen Kräfte kommen aus dem Westen über das schwere erdgebundene Spanien. Sie tragen den Willen der physischen Welt. Die zweiten kommen aus dem Osten und werden als Schatten aus den Lichtkräften des Jakobus über Palästina herübergeworfen. Dabei aber spiegeln sie die ganzen Geheimnisse des Mittelpunktes der Welt, wo du Adam und Christus

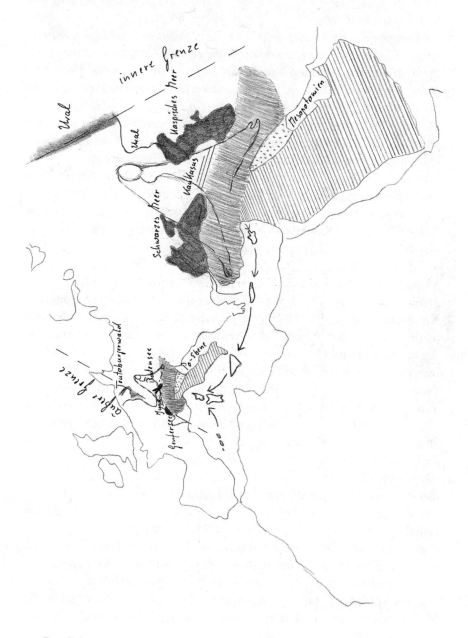

Der Schattenwurf des Ostens nach dem Westen als Bewußtseinsprozeß

99

gefunden hast. Und die dritten Kräfte machen die physische Bildung und Sichtbarkeit erst möglich.

Sie kommen aus dem Süden und bewegen sich entlang der Inseln Zypern, Kreta, Sizilien und steigen senkrecht durch den Gegenstrom der Inseln Ibiza, Mallorca, Menorca nach oben und stoßen gegen die Alpen vor. Dabei schieben sie diese nach oben und werfen sie zu dem Faltengebirge der Alpen auf. Nach oben steigen die Inseln Sardinien und Korsika.

Mensch: So leben auf den Inseln des Mittelmeeres also die stärksten physischen Kräfte und zeigen mir dort wie bei den großen Kontinenten, daß jedes nach unten ragende Gebilde seinen kleinen Begleiter hat.

Hier sind die Begleiter, wie wir es bei Kreta schon sahen, herausgefallene Welten, die sich aus den Absichten der führenden Gottheiten trennten.

Erde: In den Alpen aber trifft sich auf wunderbare Weise das physische Bild des geistigen Ostens mit dem physischen Willen des geistigen Westens. So wird das Bild des Mittelpunktwesens der Welt in Miniatur in den Alpen noch einmal realisiert.

Mensch: Für die Erweckung dieses Bildes in meinem Bewußtsein.

Denn ich sehe, wie sich das Schwarze Meer spiegelt im Genfer See und das Kaspische Meer im Bodensee. Wie sich die Türkei und der Iran spiegeln in dem Bogen der Alpen, der Kaukasus im Schweizer Jura und die Arabische Halbinsel in Italien.

Mesopotamien in der Po-Ebene, der Fluß "Ural", der vom Kaspischen Meer zum Uralgebirge strömt, im Rhein, der zum Norden und zum Teutoburger Wald strömt, sich dann aber plötzlich nach dem Westen neigt. Und der Durchbruch des Schwarzen Meeres am Bosporus und herunter bis zum Ägäischen Meer in der Rhone.

Erde: Die Vatergottheit, die sich in den Alpen, vom Mittelmeer getragen, nach oben offenbart, offenbart sich nur dadurch, daß Europa, schwimmend auf dem Mittelmeer, eines Teiles seines Gewichtes enthoben wird. Dieser der Schwere enthobene Teil ist es, der in deinem Bewußtsein erwacht und den ich selber wiederum in dir suche.

Vatergottheit deswegen, weil im physischen Werden der Welt, wie du auch schon gesehen hast, ein Gott in dieses Physische hinein sich opferte.

Mensch: Also ein völliger Gegensatz zwischen Nord und Süd.

Was im Norden Europas ungeschützt und direkt aus dem Geistigen in die Welt hineinströmt, zeigt sich in seiner materiellen Außenseite in den Alpen.

Erde: Und von dort fließen die Gotteskräfte als Pulsschlag des Lebens dem
nordischen Geist wiederum entgegen.
In Form des Rheines, wie er durch den Bodensee, um den Baseler Knick
herum nach dem Norden fließt.
Mensch: Und auf diesem Weg verwandeln sich die Kräfte des Ostens dann
in die Kräfte des Westens. Aber die Bewegung nach außen bedingt auch
einen Fall in die Materie und als Gegenbewegung ein Freiwerden des
Geistes für die Erkenntnis.
Die Rheinfälle bei Schaffhausen zeigen mir diesen Fall des Rheins.
Erlebbar werden sie mir tief im Stoffwechsel, wenn ich mich als ganzer
Mensch in Europa gespiegelt sehe.
Dann sehe ich den Rhein aus den tiefsten Stoffeskräften heraus nach Basel
strömen und sich dort wie von meinem Sonnengeflecht aus nach oben
wenden.
So verbinden sich tatsächlich im Rheingraben zwei Strömungen, die
eigentlich aus einer einzigen Gottheit stammen, sich aber von zwei
unterschiedlichen Richtungen entgegenkommen.
Aus dem Süden als Stoff und aus dem Norden als Geist.
Zwischen Basel und Frankfurt findet dann die eigentliche Mischung statt.
Dort, wo sich also Blut und Atem treffen und wo das Rheingold verborgen
lag.
Erde: Aber es wurde durch die Inkarnation deines Ichs zum Ring geschmie-
det, nach welchem sowohl die Götter im Norden wie auch die Riesen im
Süden verlangten.
Mensch: Und dieses mein Ich, das sich in allen Situationen selbst genug
war, hat beide vernichtet.
Wotan stieg hinab in die Unterwelt, um den Ring zu holen, und erkaufte
sich den Tod.
Fafner und Fasold, die Riesen, ließen sich ihre Dienste mit dem Ring
bezahlen und erkauften das mit dem Tod.
Als Wotan uns Menschen verließ, verschloß sich die geistige Welt vor
unseren Blicken, und die sinnliche Naturanschauung beherrscht seitdem
unser Leben. Das ist der Blick nach dem Westen hinaus bis zu seinem
äußersten Punkt im Meer, der Insel England, die, wie vor unserer Stirne
schwebend, das Bewußtsein ganz auf die Außenwelt gerichtet sein läßt.
Im Gegenzuge dazu wurde das sich opfernde östliche Land von Teutoburger
Wald, Weserbergland und Harz vom Egoismus geprägt, so wie wir eben die

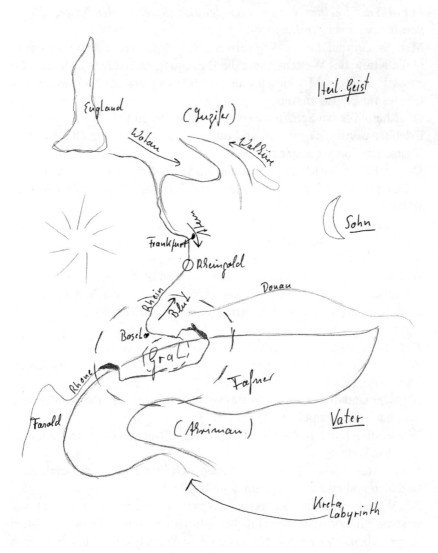

England

Wotan

(Luzifer)

Walküre

Heil. Geist

Sohn

Frankfurt

Rheingold

Rhein

Blut

Basel

Donau

Gral

Fafner

Rhone

Vater

Farold

(Ahriman)

Kreta
Labyrinth

Sinneserlebnisse und unsere Vorstellungen nur auf unser eigenes Wohl und Wehe beziehen. Loge, also Luzifer, so erzählen es die Göttersagen, umbrennt diesen Felsen, auf dem Brünhilde schläft. Und die Hexen, die dem Harz entsteigen, sind die Zeichen für die entfesselten Willenskräfte, die nur sich selbst und keinem Gott mehr dienen.

Erde: Wer aber die Speeresspitze des Wotan nicht fürchtet, wer also die Grenze der Vorstellungen durchbricht, der vermag Brünhilde zu wecken und vollführt den ersten Schritt zu seiner und meiner Erlösung.

Die Menschen im Norden, sie mögen das erkennen.

Mensch: Als die Riesen den Ring erwarben, tötete Fafner den Fasold, und dieser floß in Form der Rhone durch den Genfer See dem Süden zu. Damit übernahm er die Leiden der rechten Hand des Christus, wie sie sich von unterhalb der Westhälfte des Schwarzen Meeres in der Westhälfte des Genfer Sees spiegelt.

Fafner aber zog sich mit seinem Schatz in eine Höhle zurück. Dort unterlag er den Kräften der Schwere und der Dunkelheit.

Das ist das Erleben unseres Ich, das da sagt: "Ich will das Licht."

Erde: An diesem Punkt wird das, was in der Mitte der Welt als hingebungsvoller Adam geschaffen worden ist und was du in dem Bild von Michelangelo schon gesehen hast, zu den dunklen Kräften des Judas oder auch des Fafner, wie ihn Richard Wagner dargestellt hat.

Es spiegelt sich herüber aus der Mitte der Welt in die Krümmung der Alpen und in das südliche Europa.

Dein Ich stieg herunter und unterlag meinen Schmerzen und meinem Tod. Und nur deshalb, weil die Herrschaft der Welt zur Begierde deines Willens wurde.

Eigenwille, Eigenliebe, Verderben und Tod. Es ist ganz furchtbar, was aus dir wird, wenn du nur diesem Ich dich unterstellst. Das Ich des Judas, das so böse dem Licht entgegenschaut. Der gestohlene Ring.

Wenn du es weiter verfolgst, wie du im Norden den Geist bis nach England verfolgt hast, dann kommst du zum Labyrinth des Minotaurus auf Kreta.

Dort, wo alljährlich sieben Jungfrauen und sieben Jünglinge dem schrecklichen Minotaurus, halb Mensch, halb Stier, zum Opfer fielen.

Wie sich also im Nordwesten die Außenwelt in die Sinne verschließt und stirbt, wie du es im Ausdruck des Johannes sehen kannst, im Gegensatz zu dem wachen, schöpferischen Ausdruck Gottvaters im Bild von Michelangelo, so werden die weiblich-kindlichen Schöpferkräfte in deinem Organismus vom Minotaurus verzehrt und zerstören sich im Labyrinth deiner erdgebundenen Leidenschaften (im Judas).

Ja, es ist eine tragische Tatsache - o Mensch -, daß dir jedes Jahr, in welchem du dich vom Kind zum reifen Menschen entwickelst, sieben heilige Kräfte verlorengehen.

Mensch: Aber Theseus hat ihn überwunden, den Minotaurus, mit dem geheiligten Schwert und dem Faden, der ihn durch das Labyrinth führte. Er hat uns die Hoffnung geschenkt, die auch Siegfried uns Mitteleuropäern geschenkt hat.

Denn auch er hat den Drachen - Fafner - überwunden mit dem Schwert des Wotan, das er aber selber erst aus zerbrochenem Zustand neu schmieden mußte.

Wotan nämlich hatte in den Stamm der Weltenesche, also in den Rheingraben, sein Schwert geschlagen und es später dem Siegmund, der es gewann, wieder zerschlagen. Siegfried aber schmiedete es neu und erschlug damit den Riesen Fafner, der, zum Wurm geworden, den Ring unter der Wucht seines Leibes verbarg.

Brünhilde erlöste er dann im Norden ebenfalls durch die Macht seines Schwertes und seiner Unerschrockenheit.

Er zerschlug den Speer Wotans, wandelte also die festgefügten Vorstellungen in neues Leben und gewann sich so alle Weisheit dieser Welt.

Selbst die Flammen Loges, also die Verführungen Luzifers, konnten ihm nicht mehr schaden.

Später verlor er sein Wissen in der Blutbrüderschaft mit Gunther, dem weltlichen Herrscher am Rhein.

Südlich vom Rhein, auf dem "Blutshügel" von Dornach, schloß er die Blutsbrüderschaft, und Hagen, der den Judas in sich barg, stand dabei.

Erde: Das ist der Punkt - o Mensch -, zu dem die ganze Macht der Mittelmeerinseln heraufstrahlt und durch das sich faltende Gebirge hindurchdringt. Das ist der Punkt, der den Ort des Kaukasus widerspiegelt, wo Prometheus an den Felsen geketet war. Und das ist der Punkt - o Mensch -, wo dann später das Goetheanum durch Rudolf Steiner erstand. Als Beruhigung und als Hoffnung für die Zukunft, da selbst Siegfried dem Tod durch Hagen erlag.

Mensch: Aber auch nach Siegfrieds Tod gab es eine Hoffnung, da Brünhilde selber den Ring an den Rhein zurückgab und Hagen von diesem verschlungen wurde.

Erde: Das ist deine und meine Hoffnung - o Mensch. Indem das Ich des einzelnen wieder angeschlossen wird an das Ich des Ursprungs der Welt, an das Gottes-Ich und an den Christus. Das geschah, wie du noch sehen wirst, durch das Goetheanum.

In Europa siehst du den dreifachen Abstieg deiner Bewußtseinsseele, die dir durch das Opfer des Johannes, d. h. des europäischen Volksgeistes, gegeben wurde.

In der Dreiteilung Europas, dem Norddeutschen Flachland, dem Mittelgebirge und den Alpen mit den südlichen Inseln und Halbinseln, ist diese Tatsache deutlich in meinen Leib geschrieben,

Mensch: Ich erlebe das nordeuropäische Flachland wie in das Geistige herausstrahlend, und den südeuropäischen Raum wie sich nach außen stülpende Gliedmaßen.

In der Mitte, also im mitteleuropäischen Raum, treffen sich beide Strömungen. Aber gleichzeitig auch die Richtungen von Ost und West, wie ich es an den sich aufwerfenden Gebirgszügen von Schwarzwald und Vogesen erleben kann.

Erde: Und in allen drei Gebieten ist deine Seele schuldig geworden. Notwendigerweise, da das Opfer des europäischen Volksgeistes Schritt für Schritt den Untergang nach sich zieht wie im Schicksal des Kain.

Mensch: Aber gab es nicht immer Menschen, die das wirkliche Wissen retteten vor dem Untergang?

Erde: Gerettet wurde es nur in der Verbindung mit dem Christentum.

Mensch: Und wo geschah das? Wo wurden Irrtum, Lüge und Haß, also die drei Schlangen, die schon die Götterdämmerung bewirkt haben und die heute nur in anderer Gestalt unter uns sind, bezwungen?

Erde: Die Weisheit der Externsteine, also der nordischen Götter, wurde aufgefangen und getragen von den christlichen Eingeweihten der Kathedrale von Chartres.

Das innerliche Christuslicht des Ostens aber wurde von Kaspar Hauser nach dem Westen getragen.

Diese beiden Kräfte trugen die Mitte Europas.

Chartres im Westen, südwestlich von Paris, und Kaspar Hauser im Osten, in Nürnberg und Ansbach.

Die Kathedrale von Chartres steht an einem besonderen Platz. Auf ihm standen schon uralte Heiligtümer, Druidenschulen und fünf Kirchen, die alle dem Feuer zum Opfer gefallen sind. Die sechste, also die Kathedrale

Die Kathedrale von Chartres von Westen

von Chartres, die so weltberühmt und einmalig ist, ist eines der größten architektonischen Meisterwerke der Welt. Sie beinhaltet in ihren Maßen, in ihren Formen und Kunstwerken das gesamte Wissen von Kosmos und Mensch. Aber sie verbindet es eben mit dem Christentum.

Schon in vorchristlicher Zeit hatten die Druiden die Vision, daß eine Jungfrau ein Kind bekommen würde. Aus einem Birnenbaum schnitzten sie die Jungfrau mit dem Kind und stellten sie ins Heiligtum unter die Erde. Sie nannten sie: die Jungfrau unter der Erde.

Die großen Lehrer von Chartres im Mittelalter pflanzten das christliche Wissen in den menschlichen Geist.

Die Kreuzform der Kathedrale verband den Gang durch das Labyrinth mit der Möglichkeit, das heilige Zentrum im Kopf des Kreuzes zu erreichen.

Der Eingang des Königsportals lag zwischen den Türmen, die auf der einen Seite den Mond und auf der anderen Seite die Sonne repräsentierten, d. h. noch heute repräsentieren.

Über dem Eingang thront Christus zwischen den vier Aposteln.

Mensch: Wie aber steht dann Kaspar Hauser, der einfache Mensch, diesen gewaltigen Offenbarungen gegenüber?

Erde: Mit Kaspar Hauser, östlich des Rheingrabens, hat es eine ganz andere Bewandnis.

Um ihn zu verstehen, mußt du dir noch einmal die Geheimnisse meiner und deiner Wesenheit verdeutlichen.

Ich bin einst als dunkle Masse, wie du gesehen hast, also als Spiegel der Götter, aus diesen herausgefallen.

An diesem Spiegel dann hast du deine Gedanken entzündet und die Möglichkeit bekommen, von mir zu Gott zurückzufinden.

Was dich aber hindert, mich zu verlassen, war deine tiefe Inkarnation in den Kräften von Gehen, Sprechen und Denken, wie sie dir von Luzifer, dem Träger des Lichtes, geopfert wurden. Und wie sie über den Himalaja zu dir kamen.

Luzifer nämlich schenkt dir sein Ich, noch bevor du es dir selber erringen kannst. So hieltest du dieses Ich für dein eigenes und erkanntest nicht das Christus-Ich, als es zu dir kommen wollte. Du hieltest dein geschenktes Ich für das einzige Wahre.

Dieses geschenkte Ich ist das, was sich vom etwa zweiten Lebensjahr an entwickelt und was aus deiner Umwelt und durch deinen Körper wie geschenkt in dich eintaucht.

Das Christus-Ich aber ist ein Ich, das nur durch deine bewußte Aufnahme in dich eintauchen kann. Dafür muß das geschenkte persönliche Ich geopfert werden.

Die Ablehnung des Christus-Ich, als es zu dir kommen wollte, spiegelte und spiegelt sich im Westen und unterwarf sich dort den Kräften des Todes und des Unternatürlichen.

Denn das kommt noch hinzu, daß der Westen unter die eigentliche Natur herunterfällt. In der Technik, der Medizin, dem Gebrauch der Elektrizität und des Magnetismus, siehst du die sich zerstörenden Kräfte der einst lebendigen Natur. Und auch deine Ichkräfte, die du selber zerstörend dort hineinlegst.

O Mensch - erkenne meine Qual, wenn ich in deinen Gedanken sterbe!

Mensch: Dann muß also ein Wesen, das im Westen den Christus in all seiner Reinheit und ohne das luziferische Ich empfangen will, diese luziferischen Kräfte, wie sie uns in der Inkarnation von Gehen, Sprechen, Denken gegeben sind, meiden.

Erde: Ja, so wurde durch ein unmenschliches Verbrechen Kaspar Hauser vorbereitet, den Christus nur im reinen, unschuldigen Wesen zu empfangen. Zu einem Zeitpunkt, wo dieses am besten möglich ist, also um das 18. bis 21. Lebensjahr.

Mensch: Ein Schicksal in reiner Unschuld, wie Richard Wagner es im Parsifal, "dem reinen Tor", dargestellt hat.

In Kaspar Hauser gestaltete sich das aber zu einem menschlich außerordentlich tragischen und bewegenden Schicksal.

Kaspar Hauser sollte als angehender Thronfolger eines königlichen Hauses verschwinden und somit Platz für einen anderen Thronbesteiger schaffen. Er wurde aber nicht getötet, sondern ab seinem 2. oder 3. Lebensjahr in einem dunklen Kellergewölbe gefangengesetzt.

Dort saß er angekettet auf einem Häuflein Stroh, bei trockenem Brot und Wasser, ohne jeden Kontakt zu Menschen und ohne die Möglichkeit, sich zu erheben.

16, 17 oder 18 Jahre lang, das weiß man nicht genau. Das Licht der Welt erblickte er erst, als er zu Pfingsten, am 26. Mai, 1828 auf dem Marktplatz von Nürnberg ausgesetzt wurde. Er konnte kaum stehen, geschweige denn laufen, noch sprechen, noch denken.

Ein Schicksal, das ich in meiner Vorstellung kaum ertragen kann: Da sitzt ein Kind, angekettet im dunklen Keller, Tag für Tag, Jahr für Jahr, während alle anderen Kinder auf der Straße spielen und bei ihren Eltern sind.

Erde: Aber dieses Kind ist gar kein Kind mehr, sondern in den Entbehrungen zum Engel gereift, welcher alles Persönliche geopfert hatte, um sich frei für den Empfang des Christus zu machen. Das luziferische Ich konnte sich weder im Gehen noch im Sprechen, noch im Denken inkarnieren.

Mensch: So wendet sich das Verbrechen gegen die Verbrecher, indem dieses Kind zum Erlöser und zum "Kind von Europa" wurde.

Die Kraft der Erlösung trug es im Herzen, indem es in sein reines, unschuldiges Wesen den Christus empfing.

Die Krönung dieses Prozesses geschah fünf Jahre nach seinem Erscheinen und sieben Monate vor seinem gewaltsamen Tod. Zu diesem Zeitpunkt nämlich wurde Kaspar Hauser vom Pfarrer Fuhrmann in der Sankt Gumbertus-Kirche zu Ansbach konfirmiert.

Pfarrer Fuhrmann beschreibt den Tag so:

"Während des Gesanges kniete Hauser auf einem Betschemel vor dem Altare. Der Augenblick aber, in welchem er sich niederließ, die Rührung, mit der er im Stillen obige Worte betete, brachten auf die ganze Versammlung eine außerordentliche Wirkung hervor. Alle Lippen regten sich leise; alle Herzen beteten mit ihm.

Ansbach hat noch nie eine solche Feier wie die heutige gesehen. Wer Zeuge des heutigen festlichen Tages gewesen ist, wer Hausers tiefe Rührung sah, als er sein Glaubensbekenntnis ablegte, wer sich jetzt mit ihm über die Empfindungen bespricht, die sein Herz in jenem feierlichen Augenblick bewegten, wer überhaupt mit ihm über Gegenstände der Religion sich unterhält, wer wie ich, im engen Umgange, in religiöser Beziehung ihn zu beobachten Gelegenheit hatte, der wird finden, daß die Lehre des Evangeliums, wenn sie unverfälscht dem Menschen gegeben wird, eine Kraft über sein Herz geltend macht, welche außerdem nirgends offenbar wird und das einzige ist, was wahrhaft zu erleuchten, zu heiligen, zu stärken, zu trösten vermag.

Hauser ist religiös, die Religion ist ihm das teuerste Eigentum geworden, und der heutige Tag, meint er, habe sie ihm vollends so teuer gemacht, daß er nur mit dem Leben sie sich könne entreißen lassen."

Kaspar Hauser nach einem Pastell von J. F. C. Kreul, 1830

110

Das Erwachen Kaspar Hausers an der Welt beunruhigte die dunklen Mächte, die ihn vernichten wollten, und so erstachen sie ihn am 17. Dezember 1833.

Bei seiner Beerdigung sagte Jakob Wassermann:

"Ein berühmter Zeitgenosse, der Kaspar Hauser das Kind Europas nennt, erzählt, es sei zu der Stunde Mond und Sonne zur gleichen Zeit am Firmament gestanden, jener im Osten, diese im Westen und beide Gestirne hätten im selben fahlen Glanz geleuchtet."

Erde: Das bedeutet, daß Ost und West in ihm sich trafen und ausglichen, wie Chartres und Kaspar Hauser selber und wie in Chartres die Türme von Sonne und Mond.

Die Reinheit und Herzenswärme des Kaspar Hauser waren auch der Grund, warum wilde Tiere sich ihm zu Füßen legten. Und Chartres brachte diesen Herzenskräften den Atem der Weisheit entgegen.

Mensch: Wie ich es in wunderbarer Weise erkennen kann in dem Gemälde von Leonardo da Vinci - der Madonna in der Felsengrotte.

Liebe und Weisheit werden in diesem Gemälde aufs wunderbarste zusammengeführt. Die Liebe, wie sie im Herzen und im Blute strömt, und die Weisheit, wie sie im Atem und im Licht der Welt dem Blute entgegenkommt.

Deutlich sprechen die Farben, im Rot des Engels und im Blaugrün der so zarten Maria.

Den Knaben, den die rechte Hand der Maria so hingebungsvoll dem Jesus entgegenführt, begleiten im Hintergrund strömendes Wasser und eine ferne, lichtdurchglänzte Welt.

Der Jesusknabe hingegen, der von dem roten Engel gestützt wird, kommt ganz aus der inneren Stoffeswelt, welche er, sich auf sie abstützend, segnet und verklärt.

In ihm vereinigen sich auf die reinste Art die kosmischen Kräfte von Gehen, Sprechen und Denken, wie sie in seinen und den über ihm schwebenden Händen zur Darstellung kommen, wobei wunderbarerweise das segnende Denken aus der Hand der Maria strahlt, die gleichzeitig mit der anderen Hand den Knaben im Westen umgreift.

Erde: Diese Geste der Maria, die so wunderbar den Kopf nach dem Westen neigt und erwartungsvoll lauscht auf das, was geschehen wird, diese Geste weist schon darauf hin, was dann tatsächlich in Dornach, unterhalb von Basel, geschehen ist.

Skizze nach dem Bild von Leonardo da Vinci:
Madonna in der Felsengrotte

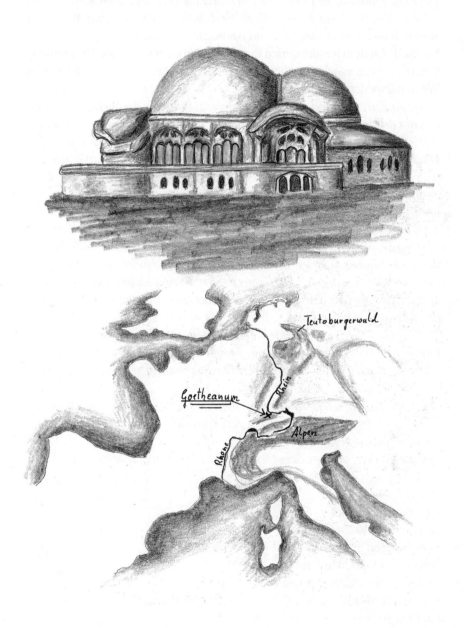

Das Goetheanum von Süden

Dort hat nämlich, in Form der zwei sich durchdringenden Kuppeln des ersten "Goetheanum-Baus", diese Verbindung von Ost und West, von Weisheit und Liebe, von Blut und Atem, stattgefunden.

Mensch: An dem bedeutsamen Punkt also, an dem wir schon Prometheus, Siegfried, Hagen und Gunther fanden. An dem Punkt also, wo sich Osten, Westen, Norden, Süden trafen.

Erde: Ja, dort entstand ein Bau, der seinesgleichen in der Welt nicht kannte und der das Ich des Menschen wieder anschloß an seinen Ursprung, an den Christus. Bei der Grundsteinlegung des Goetheanum-Baus auf dem Dornacher Hügel sprach Rudolf Steiner in erschütternden Worten aus, was du als den Abstieg deines "Ich", eingeschrieben in meinen Leib, gefunden hast. Den dreifachen Abstieg aus der Nichtannahme des Opfers, herübergespiegelt nach dem Westen.

So wurden auch die Worte der Grundsteinlegung durch Rudolf Steiner herübergespiegelt aus dem Mittelpunktswesen der Welt. Denn schon an der Zeitenwende wurden diese Worte der Grundsteinlegung von Jesus selber aus der geistigen Welt heraus gehört. Rudolf Steiner wiederholte sie dann an dem Ort, an dem sich die Wunde des Jordangrabens mit der Wunde des Rheingrabens verband.

Wo der christliche Schmerz mit dem Weltenschmerz sich fand.

Die Worte der Grundsteinlegung zeigten den Abstieg des "Ich" über den Intellekt und den Irrtum, also das Übel, zum schuldig gewordenen Blut und zur Inkarnation des Bösen im täglichen Brot.

Sie zeigten also den Abstieg des aus dem Opfer herausgefallenen Westens, vom Teutoburger Wald über den Rheingraben bis zur Inkarnation des Judas in den sich nach unten krümmenden Alpen.

Und die Worte, die aus dem Osten herüberstrahlten, lauteten:

Amen
Es walten die Übel
Zeugen sich lösender Ichheit
Von anderen erschuldete Selbstheitschuld
Erlebet im täglichen Brote
In dem nicht waltet der Himmel Wille
Indem der Mensch sich schied von Eurem Reich
Und vergaß Euren Namen
Ihr Väter in den Himmeln.

Mensch: Das wurde gesprochen am 20. September 1913 bei der Grundsteinlegung zum ersten Goetheanum auf dem Dornacher Hügel. Denn aus dem Grundstein, aus den so schmerzlich gesprochenen Worten, erwuchs in sichtbarer Form, was Jesus-Christus auf die damals aus dem Geiste heraus gehörten Worte antwortete. Er wendete diese Worte nämlich um in das "Vaterunser":

Vater unser
Der du bist in dem Himmel
Geheiliget werde dein Name
Dein Reich komme zu uns
Dein Wille geschehe, wie im Himmel also auch auf Erden
Unser alltäglich Brot gib uns heute
Und vergib uns unsere Schuld, wie wir vergeben unseren Schuldigern
Und führe uns nicht in Versuchung
Sondern erlöse uns von dem Übel
Denn dein ist das Reich
Und die Kraft und die Herrlichkeit in Ewigkeit
Amen.

Erde: Rudolf Steiner schuf als Antwort das nach außen sichtbare Goetheanum. In diesem Doppelkuppelbau lebte das sichtbar gewordene "Vaterunser".
Auf wunderbare Weise hat in diesem Bau Rudolf Steiner meine Kräfte dem kosmischen Ursprung vereinigt und in dem sich ausgleichenden Mittelraum Mensch und Christus zu einer neuen, zukunfttragenden Einheit verbunden.
Über neun Jahre später, am 31. Dezember 1922, an dem Abend, als um Mitternacht das Goetheanum durch Brandstiftung vernichtet wurde, fügte Rudolf Steiner Erde, Mensch und Kosmos zu einer endgültigen Harmonie zusammen.
Mit den Worten des christlichen Abendmahls:

Es nahet mir im Erdenwirken,
In Stoffes Abbild mir gegeben,
Der Sterne Himmelswesen:
Ich seh' im Wollen sie sich liebend wandeln.

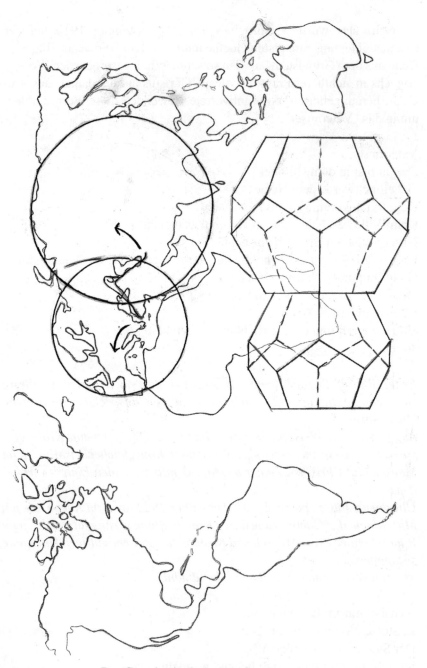

Der Grundstein des ersten Goetheanums

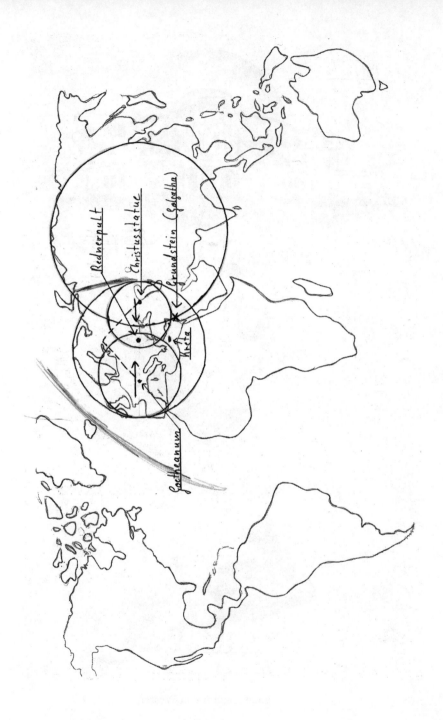

Rednerpult

Christusstatue

Grundstein (Galgotha)

Kreta

Goetheanum

117

Rotes Fenster

Eingang

Gleichgewichtsorgan am Aufgang

Adam (Tag)
von Michelangelo

Das Goetheanum von Westen

118

Es dringen in mich im Wasserleben,
In Stoffes Kraftgewalt mich bildend,
Der Sterne Himmelstaten:
Ich seh' im Fühlen sie sich weise wandeln.

*Mit "Stoffen Abbild" meint er meine Todeskräfte und zeigt aber zugleich,
daß das Wesen, das dieses Abbild wirft, in den Sternenweiten wohnt. Und
dann zeigt er dir - o Mensch -, daß du in deinem Wollen, das sich ja in
meinen Kräften bewegt, diese Kräfte in Liebe verwandeln kannst.*
In deiner Liebe finde ich meinen Ursprung wieder.
Mensch: Das ist ja die linke Hand des Christus, wie ich sie im "Abendmahl"
von Leonardo gefunden habe.
Und es ist die Liebe, die aus der Stoffeswelt erwächst und in Christus ihre
höchste Vollendung erreicht.
*Erde: Mit "Stoffes Kraftgewalt" meint er meine Lebenskräfte im Wasser
der Welt, und er zeigt zugleich, daß das Wesen, das dieses Leben bewirkt,
in den wandernden Planeten wohnt. Und dann zeigt er dir - o Mensch -, daß
du in deinem Fühlen, das sich auf deine Lebenskräfte stützt, diese Kräfte
in Weisheit wandeln kannst.*
In deiner Weisheit formst du eine neue Welt.
Mensch: Das ist die rechte Hand des Christus, und es ist die Weisheit, die
die Welt formt und in Christus sich mit der Liebe verbindet und mit deren
Kraft in die Zukunft hinein lebt.
Den Doppelkuppelbau sehe ich somit in die Welt eingeschrieben. Wobei
die große Kuppel im Osten liegt, Asien und den Mittleren Osten umgreift
und die kleine Kuppel im Westen das sich zusammenziehende Europa
umfaßt.
Liebe und Weisheit durchdringen sich dann in der Mitte der Welt; in dem
die Welt im Gleichgewicht haltenden Christusgeist. Seine rechte Hand ragt
in die kleine und seine linke Hand in die große Kuppel. Und so war auch
der Grundstein geformt. Aus einem großen Dodekaeder im Osten und
einem kleinen Dodekaeder im Westen.
*Erde: Jetzt befindest du dich auf dem Weg, die tiefsten Geheimnisse zu
lüften.*
*Denn der Geist des Westens war ein abtrünniger Geist, und er spaltete sich
in drei Teile, in Afrika, Europa und Skandinavien.*

Doch dann hat Rudolf Steiner in seinem Doppelkuppelbau den Gang der
Welt umgedreht und den verlorengegangenen Westen dem Osten wieder
verbunden.

In der kleinen Kuppel, die Europa und den Mittleren Osten umfaßte, hat er
die große Kuppel im Bau des Goetheanums nach dem Westen gelegt und
die kleine Kuppel in den Osten. Er führte den freien Geist des Westens in
die Weisheit und verband ihn mit den Christuskräften des Ostens.

Mensch: Wenn ich das in meinem Inneren nachvollziehe, müssen sich
meine Sinnesorgane, die sich nach dem Westen und nach dem äußeren
Licht hin öffnen, umkehren und nach innen schauen, wenn sie sich ins
Goetheanum hineinbewegen und den Gang vom Westen nach dem Osten
vollführen.

Erde: So ist es. Wenn du nach dem Westen schaust, schaust du auf die
Grenze der äußeren Welt. Diese Grenze verschließt dir die Welt des
Geistes, der hinter der äußeren Naturanschauung steht. Du schaust also
auf das sich grün färbende tote Bild des Lebens, das sich bis nach Amerika
erstreckt und dir den grünen Mayaherrscher Pacal in seiner wahren
Bedeutung erscheinen läßt.

Mensch: Und wenn sich dann die Sinnesorgane umkehren und nach dem
Inneren schauen, muß sich auch die Farbe umkehren und vom Grün ins
Rote wechseln.

Da komme ich tatsächlich zum roten Fenster des Goetheanums, das, ganz
im Westen des Baus gelegen, den Eintritt in seine Geheimnisse ermöglicht.

Erde: Wenn du dich in dir selbst umdrehst und den Gang ins Goetheanum
gedanklich wagst, gedanklich, weil du ins erste Goetheanum nur noch
gedanklich-meditativ eindringen kannst, da es 1922 abbrannte, kommst du
zuerst durch das Hauptportal im Westen zu den geschwungenen
Treppenaufgängen, an deren Fuße du das Gleichgewichtsorgan
wiederfindest, das du im Adam und in der Mitte der Welt schon fandest.

Mensch: Also der umgekehrte Adam, wie er im Mittelpunkt der Welt liegt,
ist hier der Ausgangspunkt für die Rückkehr des Menschen zu seinem
geistigen Ursprung.

O wie wunderbar öffnet sich meine Seele, wenn ich den Tod des
Adams zurückführen darf in den Geist.

An dem Punkt zwischen Bodensee und Genfer-See, wo sich dieses
Gleichgewichtsorgan in Dornach spiegelt. Und wo es sich im größeren
Umfang auch in den drei Flüssen Rhone, Rhein und Donau zeigt.

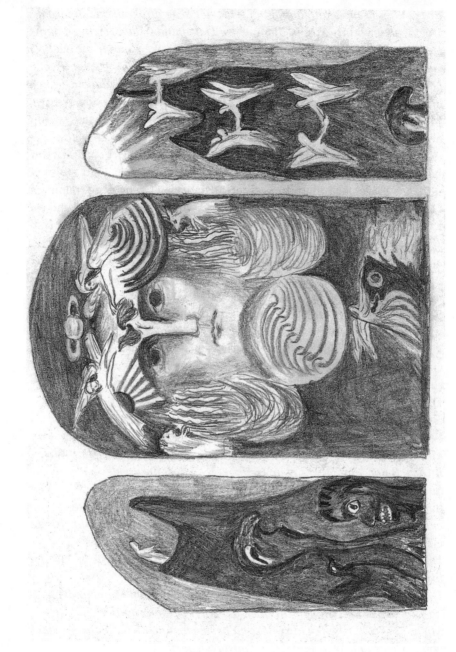

Das rote Fenster

121

Erde: Vom Treppenaufgang dann führt der Weg direkt in das Innere des Goetheanum-Baus, d. h. in die inneren Geheimnisse des geistigen Seins. Denn der Weg in das Innere des Baus ist der Weg durch die wahren Geheimnisse des Nachtodlichen, zu den Offenbarungen des Vorgeburtlichen. Der erste Eindruck, der dich empfängt, wenn du die gewundene Treppe heraufgestiegen bist, ist das warme Licht des roten Fensters im Westen.

Mensch: Ja, die rote Abendsonne scheint durch dieses Fenster ständig hindurch und offenbart mir im Bilde die Geheimnisse der geistigen Außenwelt. Der Geist der Welt selber spricht durch dieses Fenster zu mir. Ich sehe den Menschen im linken Teil des Fensters vor dem Abgrund stehen, aus welchem ihm drei schreckliche Gestalten entgegenkommen. Gestalten, wie ich sie in mir im Denken, Fühlen und Wollen erlebe und wie ich sie in Europa eingeschrieben sah. Im Irrtum, in der Lüge und im Haß. Aber ich sehe auf der rechten Seite des Fensters den Menschen auf der anderen Seite des Abgrundes und muß erkennen, daß der Gang über den Abgrund nur durch die Überwindung der Tiere möglich ist. Der Abgrund nämlich ist die Grenze der sinnlichen Welt. Ist dieser Abgrund erst einmal überschritten, kann sich der Mensch mit dem wahren Wesen der Sonne wieder verbinden.

Irrtum, Lüge und Haß hindern den Menschen im normalen Leben, diese Grenze zu durchdringen. Ihre Überwindung aber macht den Weg frei zum Erkennen der nachtodlichen Welt.

Diese Welt spricht sich im mittleren Teil des Fensters selber aus.

Erde: Er spricht: Nur wenn du das Böse in dir besiegst, den Irrtum, die Selbstsucht und den Haß, die jeden Abend die Sonne verdunkeln, wenn diese sich neigt, dann trittst du ein durch der Elemente wechselnd´ Weben in das Reich der lebendigen Gedanken. Wenn du an der Grenze der Sinnenwelt nicht mit diesen in den Schlaf versinkst, sondern deinen Geist umwendest und den Geist der Sinne selber schaust, dann trete ich dir entgegen, und du siehst, daß ich als dein eigenes Spiegelbild dir die Geheimnisse deines Seins offenbare.

Du siehst meine Gedanken sich speisen aus den Kräften der Sternenweiten bis hin zur Sphäre des Saturn.

Du siehst mich stehen zwischen Ost und West, zwischen Mond und Sonne, und du siehst, daß die Hierarchien der Engel die Vermittler sind.

Michael wird dir helfen, das Böse zu besiegen, und du wirst die Weisheit von Kosmos und Welt in deinem Geiste wiederfinden.

Mensch: Es offenbart sich mir schmerzlich die verlorengegangene Welt. Angefangen vom Geist der Externsteine, herunter durch den Rheingraben, wo sich Ost und West verschlingen, bis hin zu den Alpen, wo der Geist unter Schmerzen sich im Physischen offenbart.

Einmal, - o Erde - du weißt es, befand ich mich in den Alpen gerade dort, wo rechts der Rhein und links die Rhone entspringt. Dort erlebte ich ganz schauervoll den Schmerz, der aus allen Steinen und Rissen der Berge und aus allen Wunden der zerbröckelnden Felsen entsteht.

Und gerade als ich dachte, in diesen Schmerz versinken zu müssen, erschien über dem Tal und den Felsen ein wunderschöner Regenbogen. Da waren mit einem Schlage die Schmerzen der Berge verschwunden, und alle Geister der Felsen schauten mit Andacht nach diesem bunten Bogen.

Und der Bogen führte mich nach dem Norden bis hin zum Goetheanum und senkte sich in die Regenbogenfarben der im Inneren bemalten Kuppeln. Da verstand ich die Kraft der Erlösung, die nicht nur für mich, sondern auch für dich - o Erde - von diesem Bau ausging.

Erde: In diesem Bau fand ich meine eigenen Gedanken und meinen Geist in den gemalten Motiven der Kuppeln wieder.

Und zwischen beiden stand vermittelnd der Mensch - und stehst du, wenn du dich jetzt, vom roten Fenster ausgehend, weiter in den Bau hineinbegibst.

Denn dann trittst du vom Westen ein in die große Kuppel und schreitest, von sich metamorphosierenden Säulen begleitet, nach dem Osten der kleinen Kuppel zu.

Du schreitest durch den Raum hindurch, in dem sich beide Kuppeln durchdringen und in dem das Rednerpult Rudolf Steiners stand, das, wenn du das Goetheanum in ganz Europa hineinprojizierst, auf der Linie von Kreta und dem nach Osten ausgestreckten Arm der Ostsee lag.

Und dann tauchst du ein in die kleine Kuppel und damit in den reellen Geist des Vorgeburtlichen. In den Geist, aus dem heraus die Idee der Welt entsprang. Denn aus dem Osten, in der Linie des Kaukasus und der christlichen Mitte der Welt, kommt dir das Christuswesen selber entgegen. In Form der 9½ m hohen Holzplastik Rudolf Steiners.

Mensch: Und wie kommt er mir entgegen?! Als zusammengefaßter, übersinnlicher Gedanke der gesamten Welt.

Denn ich sehe plötzlich geistig lebendig vor mir, was ich in den äußeren Formen der Welt schon fand:

Holzplastik R. Steiners: Christus zwischen Luzifer und Ahriman

1) Ahriman (unten) und 2) Luzifer (oben)

das Christuswesen stehend zwischen Luzifer und Ahriman, dieser sich über die linke Hand stürzend, jener sich in die Erde fesselnd.

Golgatha im Sinne des Auferstandenen, Asien als sich stürzender Luzifer und Afrika als sich fesselnder Ahriman. Selbst Australien erkenne ich wieder in der nach unten greifenden Hand des stürzenden Luzifer.

Und auf der linken Seite stehen sich Luzifer und Ahriman gegenüber, wie ich sie in Nord- und Südamerika fand.

Es ist, als wäre ich herabgetaucht zum unter-übersinnlichen Geist der Welt.

Die Umkehrung meiner Sinne nach dem Inneren hat mich zum Urgrund der Welt geführt und zur Verbindung des nachtodlichen mit dem vorgeburtlichen Geist. Denn alles, was an Übersinnlich-Kosmischem das rote Fenster spricht, hier im Christus bekommt es körperliches, reelles Sein.

Weisheit und Liebe ergänzen sich zum "Ich bin".

Erde: Aus meinen Kräften im Namen des Vaters ist der Bau entstanden, überstrahlt vom "Heiligen Geist" in den gemalten kosmischen Gedanken der sich durchdringenden Kuppeln.

Und Christus als Menschheitsrepräsentant verband beide Welten in dem zur äußeren Form kristallisierten gesprochenen Wort, welches Rudolf Steiner durch den Raum tönen ließ und somit das Christuswesen offenbarte.

Die Urimpulse von Gehen, Sprechen, Denken lagen in diesem Bau. Aber jetzt war zum Ausdruck und zum Tönen gebracht, was Kaspar Hauser so unschuldig in die Welt hineingetragen hatte. Und wie Chartres dem Kaspar Hauser entgegenstand, so durchformte die Weisheit aus dem Westen, durch das rote Fenster hindurch, den gesamten Bau.

In der Mitte aber, am Rednerpult, dort, wo beide Kuppeln sich durchdrangen, da stand Rudolf Steiner und brachte durch seine gewaltigen Worte beide Welten zum Klingen.

Er verband Osten, Westen, Norden, Süden noch in der letzten Stunde der äußeren Wirksamkeit des Goetheanums mit den Worten, die du schon kennst:

Es nahet mir im Erdenwirken,
In Stoffes Abbild mir gegeben,
Der Sterne Himmelswesen:
Ich seh' im Wollen sie sich liebend wandeln.

Es dringen in mich im Wasserleben,
In Stoffes Kraftgewalt mich bildend,
Der Sterne Himmelstaten:
Ich seh' im Fühlen sie sich weise wandeln.

Damit verband er Golgatha im Osten mit dem Goetheanum im Westen und Kreta im Süden mit dem ausgestreckten Arm der Ostsee im Norden. Denn in Kreta mußt du sehen: des Stoffes Abbild und in den Wasserkräften der Ostsee: des Stoffes Kraftgewalt. In Golgatha aber die Liebe und im Goetheanum die Weisheit.

Mensch: Das sehe ich auch an der Lage des Grundsteines, denn er lag unter der kleinen Kuppel und somit genau in der Wunde des Jordangrabens. So verbanden die Worte der Grundsteinlegung diese beiden Orte.

Erde: Die Voraussetzung aber, daß der Goetheanum-Bau das Geistige im Menschen an das Geistige im Kosmos wieder anschließen konnte, lag darin, daß in dem Bau auf dem Dornacher Hügel weder Luzifer noch Ahriman anwesend waren. Wie auch Christus selber diese beiden Versuchermächte überwunden hatte.

Der reine kindlich-ideelle Mensch nur durfte in dem Bau zum Ausdruck kommen. So eben, wie er vor dem Sündenfall von Gott gedacht war.

Mensch: Ja, ich sehe, daß für Ahriman, den Beherrscher der äußeren Grenze, also den Erzeuger des Sinnenirrtums, ein eigener Bau geschaffen wurde.

Ins Heizhaus, ins Kesselhaus, wurde seine Wesenheit verbannt. Und dort kam die ganze verhärtende Kraft des Irrtums und der Stoffeswelt heraus, wie sie hinter dem Golfstrom, also in Amerika, zum Ausdruck kommt, wenn die Kräfte, die vor allem Südamerika bilden, für sich alleine genommen werden. In den zwei Kuppeln, die so weit auseinanderliegen, spiegelt sich auch die Welt der Maya, die ihre Heiligtümer jeweils zwischen zwei Gestalten trugen.

Der nach oben strebende Turm trägt Auswüchse wie Hörner oder wie verhärtete grüne Pflanzenblätter.

Ganz anders dagegen war der Bau für Luzifer gestaltet. Im Haus De Jaager fand er seine Wohnung.

Dieses Haus hatte einen Anbau im hinteren Teil wie ein zerbrochener Flügel. Wohingegen das Kesselhaus des Ahriman an seiner Rückseite wie abgeschnitten war.

Haus de Maager

Das Kesselhaus

Das Haus De Jaager aber spiegelte die gestürzten Kräfte Luzifers, also die Kräfte Asiens.

In diesem Haus spiegelte sich das Wesen, wie es werden müßte, würde man nur auf die Kräfte bauen, die hinter dem Ural leben.

Diese Kräfte würden sich entpersönlichen und sich in den Kosmos zurückschleudern.

Wiederum im Gegensatz zum Kesselhaus, das die Kräfte der Persönlichkeit ganz in sich hineinsaugt.

So also stand das Goetheanum frei von diesen Kräften, zwischen diesen Kräften.

Wirklich ein Bild des Kindes, wie es im Gleichgewicht von Natur und Geist im 9. bis 10. Lebensjahr lebt.

Wie es auch die Bibel sagt: "Und er nahm ein Kind und stellte es zwischen sie."

Erde: Wie Luzifer und Ahriman aus dem Bau des Goetheanums herausgehalten wurden, siehst du auch daran, daß die kleine Kuppel im Osten lag und somit von der gewaltigen Masse Asiens nur den geistigen Extrakt aufnahm und das andere, Luzifer zugehörige, aussonderte.

Damit fiel die Grenze weg, die die geistige Welt durch die Erinnerung im Osten verschloß.

Aber auch die schwere Masse Afrikas wurde gemieden und nur die Kraft des Unterbaus von ihr geliehen.

Und damit fiel die Grenze der sinnlichen Vorstellung hinweg, und das Goetheanum konnte im freien Zwischenraum, ohne persönliche Leidenschaften und ohne sinnliche Verblendung, den Geist empfangen und verkörpern.

Dieser Geist zeigte sich im Goetheanum in seiner reinen Ausgestaltung von Denken, Fühlen und Wollen.

Mensch: Wie Goethe es in seinem Märchen "Von der grünen Schlange und der Lilie" in den drei Königen darstellt.

Diese Könige zeigen das reine Denken, Fühlen und Wollen.

Der goldene König spricht es aus mit den Worten: "Erkenne das Höchste!", der silberne mit den Worten: "Weide die Schafe!" und der eherne König mit den Worten: "Das Schwert an der Linken, die Rechte frei!"

Der vierte König aber, der aus den drei Metallen willkürlich zusammengesetzte, er sackt in sich zusammen und zeigt damit den Tod des menschlichen Ich, das sich nur an Erinnerung und Vorstellung hält.

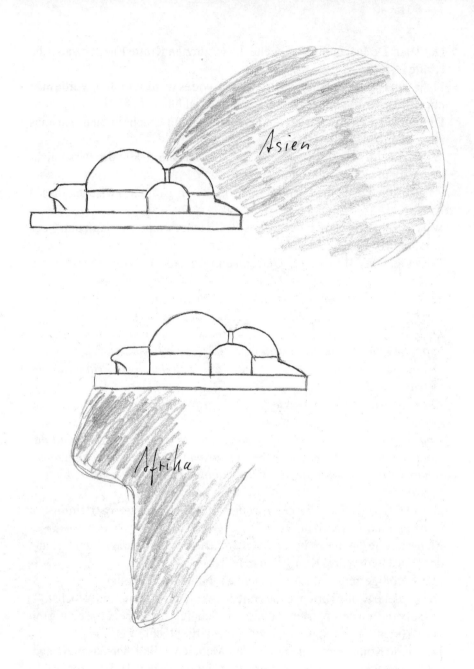

Der Alte mit der Lampe hingegen zeigt die zur Weisheit gewandelte Grenze des Westens und die grüne Schlange die geläuterte Liebe des Ostens. Der goldene König spricht von dem reinen Geist des Denkens, wie er in den ausgemalten Kuppeln des Goetheanums zum Ausdruck kam. Der silberne König spricht von der Christuskraft der Mitte und der eherne König von der schützenden und tragenden Kraft des Willens.

Erde: In diesen drei bis zum Vater, zum Sohn und zum Heiligen Geist ausgestalteten Bereichen werden die drei Tiere, die den Menschen verführen, überwunden.

Wäre das Goetheanum nicht gekommen - o Mensch -, ich hätte dich mit mir in den Abgrund reißen müssen. So aber ist uns die Möglichkeit geschenkt worden, die verführenden Kräfte, selbst bis zur härtesten Kraft - dem Judas, zu überwinden.

Meine Todeskräfte werden durch die Sternenkuppeln geheiligt, und die Sternenwelten erhalten durch meine Kräfte ihr berechtigtes Sein. Aber du - o Mensch -, du bist es, der diese Welten verbinden muß.

Die Materie des Südpols, das Licht des Nordpols, die Feuerkraft des Ostens und die formende Kraft des Westens, alles verband sich in diesem einmaligen Bau.

Mensch: Wenn sich alles, was an Kräften in der Welt lebt, in Europa spiegelt, so muß sich auch das Mittelpunktwesen des Christus selber in Europa spiegeln.

Erde: Das tut es auch. Wie im ersten Goetheanum über der holzgeschnitzten Christusstatue das gleiche Motiv noch einmal gemalt erschien, so erscheint in Europa das Mittelpunktwesen im Bilde noch einmal.

Christus steht auf dem Rund der Alpen und wandelt die Kräfte des Petrus zu dem Felsen, auf den er baut.

Er reicht mit seinem linken Arm nach oben bis an die Spitze von Jütland und mit seinem rechten Arm durch den Rheingraben bis zu den Alpen.

Unter seiner rechten Hand fesselt sich Ahriman im Rund der Alpen bis nach Italien herunter. Er ist es, der als Judas sprach: Ich will das Licht! In der Auftürmung der Felsen und Berge greift er danach, aber im Greifen nach oben erfriert seine Kraft, und zurück bleiben verhärtete Zähne und Krallen. Goethe fand in diesen Alpen den Teufelsstein und die Teufelsbrücke.

Unterhalb der Alpen in den südlichen Ländern inkarniert sich das Licht in der warmen Stofflichkeit und durchströmt den menschlichen Willen.

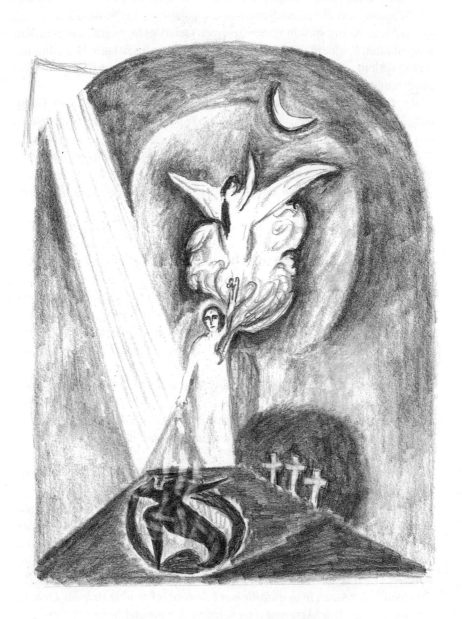

Christus zwischen Luzifer und Ahriman
(nach einem Entwurf von Rudolf Steiner)

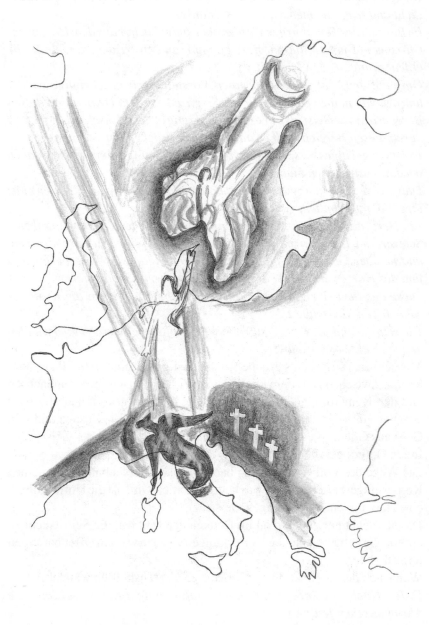

Über der linken Hand in Skandinavien stürzt Luzifer und läßt seine Wirbelsäule in Form der Skanden zurück. Dort entmaterialisiert sich das Licht und trägt die menschlichen Gedanken.

Im Bereich des Teutoburger Waldes aber steigt Luzifer aus dem Herzen des Christus heraus. In diesem Bereich mußt du den Irrtum wandeln in die Offenbarungen der Wahrheit.

Du mußt den Mut finden, die toten Vorstellungen in lebendige wieder umzuwandeln, also ein christlicher Siegfried werden. Denn durch diesen Bereich trat der Geist als äußere Offenbarung in den Menschen hinein, und durch diesen Bereich muß er auch wieder zurückgeführt werden.

Es ist ein geistiges Gesetz, daß, wo ein Geist hineingekommen ist, er auch wieder herausgehen muß.

Dann wird der Raum zwischen Detmold und Paderborn, wo die Asen einst ihre Wohnung hatten, zum neuen Herzen Europas.

Ein Herz, das das Licht des Westens und des Nordens einatmet und zum Schwert der Liebe formt, um die Dunkelheit der Sinne zu durchdringen, und das über die Gebirgszüge des Teutoburger Waldes, des Weserberglandes und des Harzes die Kräfte des Blutes der wahren Liebe opfert.

Diese aus dem Herzen heraus atmende Liebe bildet dann die Kraft der zukünftigen Menschheit.

Die selbstsüchtigen und zerstörerischen Kräfte aber werden überwunden und vernichten sich selbst.

Mensch: Ja, es ist vieles geschehen an geistigen Kämpfen um Paderborn herum. Zwischen Karl dem Großen und Widukind, zwischen den Sachsen und den Römern. Und doch ist erst heute die Zeit gekommen, die freie Bewußtseinsseele dem Geistigen wieder zu opfern. Wie Europa und sein Geist aus Götteropfern entstand, so muß die Rückführung des Geistes aus freien Opfern geschehen.

Die Wege der Völkerwanderung haben sich als Nervenbahnen in meinen Körper eingeschrieben, aber was heute gefordert wird, ist die Umwandlung eines toten in einen lebendigen Geist.

Das aber geht nur, wenn man im Denken den Mut hat, die Selbstsucht zu opfern, die liebgewonnenen Vorstellungen von den wahren Offenbarungen fernzuhalten.

Wenn sich der Intellekt durch Christus zu Herzenskräften wandelt.

Erde: Noch stärkere Kraft aber mußte aufgebracht werden, die Ahrimanischen Kräfte zu wandeln.

Judas verband sich diesen ahrimanischen Kräften und bildete das Schattenbild des Christuslichtes in den Todeskräften der Materie ab. Wie Klingsor in Richard Wagners Parsifal den Gral ins Untersinnliche herabziehen wollte.

Mensch: Dann ist also die Spiegelung des mittelarabischen Raumes - der Türkei, der Arabischen Halbinsel, Mesopotamiens, des Kaukasus und der zwei großen Seen - in Europa - also den Alpen, Italien, der Po-Ebene und dem Jura - der geraubte Gral?

Erde: Wäre das Goetheanum nicht gekommen, wäre es von Klingsor, also von Ahriman, geraubt worden.

Das Goetheanum aber stellte dem stärksten Eigenwillen die stärkste Selbstlosigkeit entgegen. Dem verzerrten Angesicht des Judas, die wahre Wesenheit des Menschen.

Das konnte er nicht vertragen, und er inspirierte jene Menschen, die seine Diener waren, zur Vernichtung des Goetheanums. Der Bau, der bis zur Sichtbarkeit die Geheimnisse der christlichen Weisheit und Liebe in die Welt getragen hatte, er verbrannte durch Brandstiftung am Abend des 31. Dezember 1922.

Mensch: O wie grausam - welch ein Schmerz!

Erde: Schon einmal war ein Tempel durch Brandstiftung Opfer der Flammen geworden. 356 v. Chr. in Ephesos, in der Nacht, als Alexander der Große geboren wurde. Dieser Tempel stand an der Westküste der Türkei, dort, wo im Bild des Leonardo die rechte Hand des Christus liegt.

Dort also, wo sich der Westen trennte und die alten Weisheiten vergaß.

Ephesos nämlich war das letzte große Heiligtum des Ostens, und es verehrte die Muttergöttin in Form der Artemis.

Alexander der Große nahm die Kräfte auf und wollte sie dem Osten zurückbringen, aber sie hatten keine Kraft mehr, waren nur noch Bilder und wurden vergessen.

Das Wissen starb, und aus dem Tode heraus gebar sich der Materialismus.

Als Ephesos brannte, verlor der Osten seine Bedeutung, und Europa trat in den Vordergrund.

Mensch: Schon als Folge daraus, daß Zeus seinen Vater Kronos ablöste.

Erde: Europa kristallisierte sich heraus wie Salz aus dem Wasser, wie eine Ausstülpung der innersten Geheimnisse des Ostens nach dem Westen.

Mensch: So liegt in dir - o Erde -, in dem Boden, auf dem ich stehe, das offenbare Geheimnis des Ostens?

Erde: Ja, aber du hast es nicht gesehen - bis jetzt.

Im Goetheanum war das Verborgene sichtbar geworden.

Aber dadurch wurde auch die Tatsache deutlich, daß Europa durch sein Opfer, schon ein Todesprodukt in sich bedeutete.

Mensch: Dann war also die tiefe schmerzliche Konsequenz der Aussonderung des Westens der Brand des Goetheanums.

Erde: Das Goetheanum durfte die Wahrheit zeigen, behalten durfte es sie nicht.

Hätte es diese Weisheit und Wahrheit behalten wollen, so wäre es ebenfalls den Ahrimanischen Kräften verfallen.

Mensch: In dem Moment also, wo die ausgesonderten Kräfte Europas wie ein abgeschnittener Finger zu verfallen drohten, erstand im Goetheanum in konzentrierter Form die ganze Weisheit und Wahrheit der Welt und des Menschen und wiederholte dann das Opfer der Aussonderung in seinem eigenen physischen Tod.

Erde: Das war die stärkste Macht, Ahriman zu überwinden.

Der Brand von Ephesos und des Goetheanums forderten einander. Wie sich aber der Geist nach dem Brand von Ephesos nach außen wandte, so wandte sich der Geist des Goetheanums nach dessen Brand wieder nach innen, in die Herzen und Seelen der Menschen hinein.

Mensch: Das geschah ein Jahr später durch Rudolf Steiner bei der Grundsteinlegung der Allgemeinen Anthroposophischen Gesellschaft am 25. Dezember 1923 in Dornach.

Der Geist des Goetheanums konnte nach dem Brand der äußeren Form in den Herzen der Menschen rein empfangen werden.

Er hob sich aus dem Physischen heraus ins Seelische hinein und verband sich den zur Wahrheitssubstanz gewordenen Denkkräften des Nordens. In der Mitte des Herzens, wo Christus selber die Form gibt, verband sich die durch das Feuer geläuterte Substanz des Südens mit den aktiv gewordenen strahlenden Gedanken des Nordens.

Rudolf Steiner sprach es bei der Grundsteinlegung mit folgenden Worten aus:

"Und wenn wir diese drei Kräfte, die Kräfte der Höhen, die Kräfte des Umkreises, die Kräfte der Tiefen, in diesem Augenblicke vereinigen in einer gestalteten Substanz, dann können wir in unserem Seelenerfassen dem Welten-Dodekaeder das Menschen-Dodekaeder gegenüberstellen.

Und aus diesen drei Kräften, aus dem Geist der Höhe, aus der Christuskraft des Umkreises, aus der Vater-Wirksamkeit, der schöpferischen Vater-Tätigkeit, die aus den Tiefen strömt, wollen wir in diesem Augenblicke in unseren Seelen den dodekaedrischen Grundstein formen, den wir in den Boden unserer Seelen senken.

Suchen wir in dem dreigliedrigen Menschen, der uns da lehrt die Liebe, der uns da lehrt die Weltimagination, der uns da lehrt die Weltgedanken, suchen wir in ihm die Substanz der Weltenliebe, die wir zugrunde legen, suchen wir in ihm das Urbild der Imagination, nach dem wir die Weltenliebe in unserem Herzen formen, suchen wir die Gedankenkraft aus den Höhen, um dieses dodekaedrisch imaginative Liebesgebilde in der entsprechenden Weise erstrahlen zu lassen! Dann werden wir von hier hinwegtragen dasjenige, was wir brauchen.

Und der rechte Boden, in den wir den heutigen Grundstein hineinverlegen müssen, der rechte Boden, das sind unsere Herzen."

Die gesprochenen Worte des Grundsteines lauteten:

Menschenseele!
Du lebest in den Gliedern,
Die dich durch die Raumeswelt
In das Geistesmeereswesen tragen:
Übe Geist-Erinnern
In Seelentiefen,
Wo in waltendem
Weltenschöpfer-Sein
Das eigne Ich
Im Gottes-Ich
Erweset;
Und du wirst wahrhaft leben
Im Menschen-Welten-Wesen.

Denn es waltet der Vater-Geist der Höhen
In den Weltentiefen Sein-erzeugend:
Ihr Kräfte-Geister
Lasset aus den Höhen erklingen,
Was in den Tiefen das Echo findet;
Dieses spricht:

Aus dem Göttlichen weset die Menschheit.
Das hören die Geister in Ost, West, Nord, Süd:
Menschen mögen es hören.

Menschenseele!
Du lebest in dem Herzens-Lungen-Schlage,
Der dich durch den Zeitenrhythmus
Ins eigne Seelenwesensfühlen leitet:
Übe Geist-Besinnen
Im Seelengleichgewichte,
Wo die wogenden
Welten-Werde-Taten
Das eigne Ich
Dem Welten-Ich
Vereinen:
Und du wirst wahrhaft fühlen
Im Menschen-Seelen-Wirken.

Denn es waltet der Christus-Wille im Umkreis
In den Weltenrhythmen Seelen-begnadend:
Ihr Lichtes-Geister
Lasset vom Osten befeuern,
Was durch den Westen sich formet;
Dieses spricht:
In dem Christus wird Leben der Tod.
Das hören die Geister in Ost, West, Nord, Süd:
Menschen mögen es hören.

Menschenseele!
Du lebest im ruhenden Haupte,
Das dir aus Ewigkeitsgründen
Die Weltgedanken erschließet:
Übe Geist-Erschauen
In Gedanken-Ruhe,
Wo die ew'gen Götterziele
Welten-Wesens-Licht
Dem eignen Ich

Zu freiem Wollen
Schenken;
Und du wirst wahrhaft denken
In Menschen-Geistes-Gründen.

Denn es walten des Geistes Weltgedanken
Im Weltenwesen Licht-erflehend:
Ihr Seelen-Geister
Lasset aus den Tiefen erbitten,
Was in den Höhen erhöret wird;
Dieses spricht:
In des Geistes Weltgedanken erwachet die Seele.
Das hören die Geister in Ost, West, Nord, Süd:
Menschen mögen es hören.

Erde: Die Grundsteinlegung war ein Ereignis im physischen Feld sowie im Seelisch-Geistigen.
Für die sichtbare Welt vollzog sich die Grundsteinlegung des ersten Goetheanums, für die seelisch-geistige Welt die Grundsteinlegung der Anthroposophischen Gesellschaft.
Im Moment der seelisch-geistigen Grundsteinlegung hat sich die Welt grundlegend verändert.
Ein Tor wurde geöffnet, durch das hindurch die Menschheit die Möglichkeit bekam, aus dem physischen Raum heraus wiederum ins Geistige zurückzukehren.
Mensch: Jetzt kann ich es erleben:
Der Schleier der sinnlichen Anschauung riß entzwei, und aus dem hervorbrechenden Licht trat Christus selber in den Raum hinein.
Und Rudolf Steiner sprach weiter:

In der Zeiten Wende
Trat das Welten-Geistes-Licht
In den irdischen Wesensstrom;
Nacht-Dunkel
Hatte ausgewaltet;
Taghelles Licht
Erstrahlte in Menschenseelen;

Licht,
Das erwärmet
Die armen Hirtenherzen;
Licht,
Das erleuchtet
Die weisen Königshäupter.

Göttliches Licht,
Christus-Sonne
Erwärme
Unsere Herzen;
Erleuchte
Unsere Häupter;

Daß gut werde,
Was wir
Aus Herzen gründen,
Was wir
Aus Häuptern
Zielvoll führen wollen.

Erde: Vom Moment der Weihnachtstagung an, also der seelisch-geistigen
Grundsteinlegung, war der Weg der zukünftigen Menschheit neu gebahnt.
Er führt durch die geöffneten und gewandelten Herzenskräfte in das Licht,
das den neuen Grundstein umgibt und mit dem, da er auf geistigem Felde
liegt, Michael selber sich hat verbinden können.
Michael, der Erzengel, der die verlorengegangenen Empfindungen und
Gedanken der Menschen zu ihren Ursprüngen zurückführt und der, um das
zu ermöglichen, dem Menschen in seinem Kampf mit dem Bösen hilft.
Mensch: Ich kann erleben, wie mit der Grundsteinlegung der physische
Schein sich als Leichnam vom Leben trennte. Von dem Leben, das dann der
Zukunft gehört.

Was aber zurückblieb, waren die Kräfte Luzifers und Ahrimans. Diese
hatten ihre Aufgabe vollendet und konnten an der christlichen Zukunft
keinen Anteil mehr haben.

Erde: Ihre Kräfte aber sind es, die jetzt die äußere Welt weiter beherrschen,
sich in Einseitigkeiten selber zerstören und die Menschen, die sich ihnen
verbunden haben, mit sich in den Abgrund reißen.

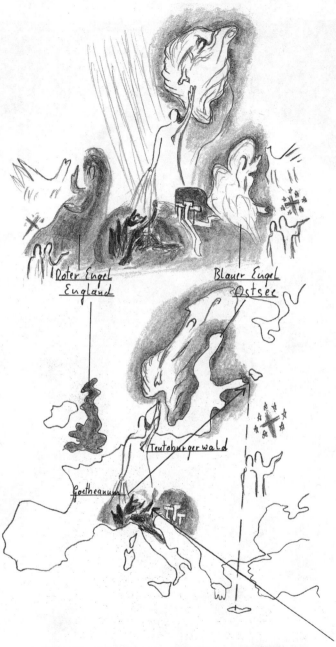

Kuppelmalerei im ersten Goetheanum (oben)
Europa (unten)

141

Raphael: Die Sixtinische Madonna

Mensch: O bedauernswerte Welt, die das Licht in ihrem Herzen nicht entzünden kann.

Dich - o Geist der Erde -, dich nehme ich mit, denn ich komme zurück zu deinem wahren Sein, zu deiner tragenden Kraft zwischen den Welten und zum "Ich bin".

Die Christuskräfte führen mich zurück nach dem Osten.

Und wie es in der kleinen Kuppel des ersten Goetheanums schon gemalt war, wird unter der Herrschaft des Engels der Ostsee eine neue Kultur ganz aus den christlichen Kräften des Herzens heraus entstehen.

Wie sich über Griechenland und dem Balkan die Welt nach dem Westen neigte und den Todeskräften verfiel, so wird über die Ostsee das neue Leben nach dem Osten getragen.

Die drei Kreuze links zu Füßen des Christus sprechen von den Todeskräften und der blaue Engel darüber von den Kräften, die die Zukunft inspirieren.

Unter dem blauen Engel befindet sich der Slavische Mensch mit seinem zukünftigen geistig-seelischen Menschen, der über sein geläutertes Blut die Inspirationen vom blauen Engel empfängt.

Auf der rechten Seite vom Christus dann das Gegenbild des blauen Engels, der rote Engel in England mit dem zu inspirierenden Irland. Darunter der Westliche Mensch, der seine Inspirationen aus dem Physischen empfängt.

Aber der Westen hat seine Aufgabe getan, und die Zukunft reicht nach dem Osten herüber zu der Linie, auf der das vorgestellte Rednerpult Rudolf Steiners im ersten Goetheanum stand.

Zwei große Künstler haben auf die Geburt des neuen Geistes im Osten hingewiesen: Raphael und Novalis.

Raphael in der Sixtinischen Madonna und Novalis in seinem wunderbaren Gedicht von der Geburt im Osten.

Die Sixtinische Madonna hängt in Dresden und befindet sich somit segnend über dem Kopf des geneigten Johannes.

Novalis beschreibt dieses Bild folgendermaßen:

Fern im Osten wird es helle,
Graue Zeiten werden jung;
Aus der lichten Farbenquelle
Einen langen tiefen Trunk!
Alter Sehnsucht heilige Gewährung,
Süße Lieb' in göttlicher Verklärung.

Endlich kommt zur Erde nieder
Aller Himmel selges Kind,
Schaffend im Gesang weht wieder
Um die Erde Lebenswind,
Weht zu neuen ewig lichten Flammen
Längst verstiebte Funken hier zusammen.

Überall entspringt aus Grüften
Neues Leben, neues Blut,
Ewgen Frieden uns zu stiften,
Taucht er in die Lebensflut;
Steht mit vollen Händen in der Mitte
Liebevoll gewärtig jeder Bitte.

Lasse seine milden Blicke
Tief in deine Seele gehn,
Und von seinem ewgen Glücke
Sollst du dich ergriffen sehn.
Alle Herzen, Geister und die Sinnen
Werden einen neuen Tanz beginnen.

Greife dreist nach seinen Händen,
Präge dir sein Antlitz ein,
Mußt dich immer nach ihm wenden,
Blüte nach dem Sonnenschein;
Wirst du nur das ganze Herz ihm zeigen,
Bleibt er wie ein treues Weib dir eigen.

Unser ist sie nun geworden,
Gottheit, die uns oft erschreckt,
Hat im Süden und im Norden
Himmelkeime rasch geweckt,
Und so laßt im vollen Gottesgarten
Treu uns jede Knosp' und Blüte warten.

Kann man das Bild von Raphael schöner beschreiben als in diesem Gedicht von Novalis?

Die reine Liebe des Kosmos, das Licht des Ostens, die Macht des Westens, alles wird in diesem Bild neu ergriffen und dir - o Erde - geschenkt.

D. h., du selber - o Geist der Erde - strahlst diesem Ereignis entgegen.

Erde: O Menschenengel, wie danke ich dir für dieses Gespräch.

Ich hoffe, daß wir uns in Zukunft öfter und immer öfter unterhalten werden.

Noch vieles hast du zu lernen, und noch vieles will ich in dir schauen, noch vieles ist dir verborgen, und noch viele Fragen leben in mir.

Aber seitdem wir das Gespräch begonnen haben, habe ich wieder Hoffnung in die Zukunft.

Denn alles, was große Menschengeister mit mir, für mich und durch mich geschaffen haben, muß immer wieder neu ergriffen werden, denn immer wieder und wieder kommen eine andere Farbe, ein anderer Ton, ein anderes Bild, ein anderer Charakter hervor. Und nur im Zusammenspiel von allen Menschen mit meinen Kräften wird die ganze Wahrheit offenbar.

Bei jedem Gespräch mit den Menschen verwandele ich mich ein Stück, und die Götter schauen mit Wohlgefallen auf diese meine Verwandlung, denn sie warten auf den Zeitpunkt, da ich durch dich zu ihnen zurückkehre.

In ihnen sind wir dann wieder eins - o Mensch -, wie wir es vor dem Sündenfall waren.

Aber dann mit einem Bewußtsein, an dem die Götter sich selber wahrnehmen können, und ihres und unser Opfer wird nicht umsonst gewesen sein.

Raphael: Stanza della Signatura

Wo die Erde aus dem Wasser steigt,
Wie der Adler aus der Felswand.
Blick und Geist nach Westen neigt
Wie in Spanien, Frankreich, England.
Da strömt Formkraft, Licht und Leben
Übers Wasser in das Land.
Doch vor alles hält den Spiegel
Eine zarte Engelshand.

Wo das Wasser in die Erde greift,
Wie das Mondlicht in die Schwere.
Blut und Herz nach Osten neigt
In der Ostsee und dem Schwarzen Meere.
Da strömt Feuer, Stoff und Liebe
Aus der Erde an den Strand.
Doch des Willens starke Zügel
Binden fest an dieses Land.

Frei kann nur ein Wesen werden,
Das die Grenzen christlich liebt.
Das dem Spiegelbild Substanz,
Und den Trieben Zukunft gibt.
Das den festgefügten Spiegel
Mit des Herzens Licht durchdringt.
Und dem Feuerschoß des Ostens
Form und Bild des Geistes bringt.

Weitere Werke vom Autor:

Die Welt der Sexualität
und deren Hintergründe
Eine Betrachtung für Eltern, Lehrer, Schüler

In diesem Buch werden die Hintergründe der menschlichen Sexualität auf eine ganz neue, ergreifende und künstlerische Art entwickelt.

Das wirkliche Verhständnis der sexuellen Funktionen läßt den Menschen auf der Erde in seiner freien Persönlichkeit als Spiegel der Rhythmen von Sonne und Mond erscheinen. Das Wunder der Trennung der Geschlechter wird bis in die einzelnen Funktionen liebevoll nachempfunden und führt aus dieser Trennung heraus zu einem umfassenden Verständnis des Menschen.

Die sich offenbarenden Geheimnisse weisen einen neuen Weg der Vermittlung und zum Verständnis einer verschütteten und verkannten Welt.

DM 19,80

Bezugsadresse:
Verlag Ch. Möllmann
Pipinstr. 18
33098 Paderborn